愛戀30

發春的30個理由

黎詩彥◎著

愛戀，是荷爾蒙動情激素，是春的奏鳴曲？
還是男女極盡追求的人間美味？
亦或是人世間最美、也最令人動容的詩歌⋯⋯

三色菫-Pansy系列

愛戀 30——發春的 30 個理由

作　　者：黎詩彥
出　　版：葉子出版股份有限公司
發 行 人：宋宏智
執行編輯：范維君
印　　務：許鈞棋
專案業務：潘德育
地　　址：台北市新生南路三段 88 號 7 樓之三
電　　話：886-2-2366-0309　　傳真：886-2-2366-0310
服務信箱：service@ycrc.com.tw
網　　址：www.ycrc.com.tw
郵撥帳號：19735365　　　　　　戶 名：葉忠賢
印　　刷：鼎易印刷事業股份有限公司
法律顧問：煦日南風律師事務所
初版一刷：2005 年 10 月　　　　新台幣：180 元
ISBN：986-7609-83-2

國家圖書館出版品預行編目資料

愛戀 30：發春的 30 個理由／黎詩彥著.-- 初
　版.-- 臺北市：葉子，2005 [民 94]
　　面；　公分.--（三色菫 Pansy 系列）

　ISBN：986-7609-83-2
　1. 愛戀

544.37　　　　　　　　　　　　　94020302

總 經 銷：揚智文化事業股份有限公司
地　　址：台北市新生南路三段 88 號 5 樓之六
電　　話：886-2-2366-0306　　傳真：886-2-2366-0310
※本書如有缺頁、破損、裝訂錯誤，請寄回更換。

目 錄

目 錄 ●●●●●●●●●

理由二　「說」的發春 12

理由三　「讀」的發春 18

理由四　「寫」的發春 25

理由五　「風」的發春 32

理由六　「月」的發春 38

理由七　「雲」的發春 43

理由八　「火」的發春 48

理由九　「花」的發春 54

理由十　「眼」的發春 57

理由十一　「耳」的發春 64

理由十二　「口」的發春 71

愛戀30
—發春的30個理由

目 錄

1　「聽」的發春

隔壁的房客在做愛。

她聽著一牆之隔以外，鄰居正在上演著夜夜春宵。男人喘息的低吼和女人尖細的呻吟不停以巨大的力量傳送過來，薄薄的一層木板牆根本削弱不了多少聲波。

從前，她總認為床上的叫聲是邪惡的、墮落的，女人躺在床上從喉嚨深處發出嬌嗲的聲音，聽起來像快要死掉了一樣，她又不是蕩婦，怎麼可以做出這種事？男人又是真的喜歡聽到這種聲音嗎？

一直到璩美鳳光碟事件以後，她才對「叫床」這件事有了不同的想法。其實，男人未必喜歡聽到女人叫床的聲音，他們只是想要透過女人的叫聲證明自己在床上的能耐。女人叫得越大聲，男人的表情就越興奮，一個能夠讓男人魂牽夢縈的女人，必定天生具有

一副淫蕩的好嗓子。

因此，她也開始在床上擺脫矜持、肆無忌憚的叫了。賓館的房間、大學的男生宿舍、狹窄的車後座、巴里島的海邊……，她的叫聲迴盪在天地之間，縈繞在愛人耳邊，但她的最終目的，只是希望自己的聲音能在愛人的心間輾轉流連不去。

男人會記得每個女人歡愉時的叫聲嗎？春夢隨雲散，飛花逐水流。聽著隔壁房間傳來「用力點」、「再來」……疼痛又渴望的要求聲，她感覺身體逐漸燥熱了起來。在性高潮的靡靡之音侵襲下，沒有人有力量維持清心寡慾。

她看了看睡在身邊的政文。政文背對著她，睡得正熟。

她脫下睡衣，用赤裸的乳房摩擦政文的背脊，一隻腿也毫不含蓄的跨到政文的身上去，然而政文只是無意識的甩開她的腳，翻過一個身，繼續去做他的春秋大夢。

算一算，他們已經三個多月沒有做愛了。

愛戀30
——「聽」的發春

　　政文是她從學校畢業以後交往的第一個男人，兩人才在一起沒多久，她就搬來這間小公寓和政文一起同居。這裡交通方便，租金也很合理，唯一的缺點，就是建築物裡面只用木板隔間，那一頭在做什麼、發出了什麼聲音，這一頭全都聽得一清二楚。

　　第一次和政文在這間房子裡做愛的時候，政文刻意用棉被摀住了她的嘴，讓她只能發出一些含糊的呻吟。高潮來臨的那一刻，政文沒有任何濃情蜜意的表現，他壓低了嗓子，在她耳邊說：「噓，小聲點……隔壁的人會聽到。」

　　「聽到就聽到，我們是男女朋友，有什麼關係？」

　　「妳不要臉，我還要臉呢！」

　　政文愛面子，她是知道的。只是她不懂，面子和隱私之間，為什麼不能有兩全其美的方法呢？好幾次，她嚷嚷著要搬家，搬去一個可以隨心所慾做愛的地方，但是政文總是以上班方便為由，拒絕了她的提議。也許，女人能不能叫、有沒有高潮，對他而言一點也不重要。

久而久之，她也已經習慣了壓抑自己，在做愛的時候不發出任何聲音，兩人之間像上演一齣默劇，吟哦婉轉的愛之歌只能以靜音播送，聽不到盪氣迴腸的立體環聲吶喊，也感受不到愛人規律而虔誠的心跳。

沉默的性愛，漸漸成了乏味的例行公事。

「政文，你愛我嗎？」不知道從什麼時候開始，每次結束以後，她總會這麼問。

一個女人主動問男人這樣一個問題，是很沒有尊嚴的吧！真正幸福的女人，從來不會去問這種問題，因為她的男人早已時時在她耳邊說「愛妳、愛妳」了，哪還用得著自己去問？

躺在政文的臂彎裡，她是幸福的。只是，她依然忍不住要問。在激情過後，一切絢爛歸於平淡的時刻，女人想聽到的，無非是男人親口吐露的那三個字。

凌晨一點，她光著身子蜷曲在舒適而柔軟的大床上，注視著躺在身旁熟睡的愛人，任憑纖瘦的十指漫遊過自己的全身。體內像是有一條流淌的通道，慾望

啃齧著她的靈魂她的肉身，她就要飛起來了，就快要可以飛起來了……

隔壁房間男女交媾的歡愉聲未曾停歇，她閉上眼睛，想像那是從自己喉嚨裡發出的聲音。

喘息聲越來越大，床板吱呀作響的節奏也越來越急促，「我愛妳……我愛妳……」隔壁的男人紊亂而狂熱的喊著。

那一瞬間，她猛力的抓緊身下的床單，放任自己體內的壓力支離破碎，從高聳的雲端一下子墮入情慾的深淵。收縮、激動而急速的收縮……，高潮的感覺如此排山倒海，她彷彿和全世界的男人都做了愛。

政文從來沒有說過那三個字，一次也沒有。

她知道言語不能證明些什麼，但無奈的是，人總是無法遏止的渴望著他們得不到的東西。

渴望逼得人發春，愛，逼得人放棄自尊。

2 「說」的發春

男人都是在什麼時候說「我愛妳」的呢？

我摸著隆起的肚子，肚子裡的寶寶已經七個月大了。

森得知我懷孕的時候，他興奮的把我抱起來旋轉，一面轉一面大聲喊著「老婆，我愛妳。」那幅溫馨的畫面至今仍令人印象深刻。

那是我第一次聽到森說這三個字，也是唯一的一次。

我和森結婚已經五年多了，這是我們的第一個孩子。

記得度蜜月的時候，我們去印度自助旅行，我站在華美壯闊的泰姬瑪哈陵前面，久久無法移開視線。據說，這是印度國王為死去妻子所建造的陵寢，是永恆臉頰上的一滴淚珠。一個女人能夠以死亡換取這樣

愛的紀念，眞是死也瞑目了。

當時，森站在我的身邊，察覺到了我的依依不捨。他摟著我，在我耳邊說：

「等到我們將來有了孩子，我再帶妳們到這裡來。」

哪裡知道，這孩子一等，足足等了五年。

每個月，當我月經來潮時，總要面對森滿懷失望的眼神，漸漸的，他從失望變成無奈，從無奈變成絕望。我去醫院檢查，醫生說我一切正常。那麼，有問題的人應該是森囉！

就當我和森都相信我們這輩子不會有孩子的時候，醫生宣佈：我懷孕了！

森一向喜歡孩子，他即將爲人父的雀躍是可以想見的。孩子還在肚子裡三個月大的時候，他就已經買好了全套的嬰兒用品，甚至買了一大堆衣服，可以讓寶寶從零歲穿到三歲都還不用愁。森擔心自己在睡夢中不小心撞擊到我的腹部，從我一開始懷孕，他就堅持在我的床邊打地鋪。我們睡在同一個房間裡，近在

咫尺，感覺卻像是陌生人般的遙遠。森已經很久很久沒有碰我了。

為了賺取孩子的奶粉錢，森比以往更努力工作，他的應酬越來越多，回家的時間越來越晚，我隱隱約約知道，有某件事情不太對勁。

我在森的身上聞到了陌生的氣味，他的卡越刷越多，電話也開始拿到旁邊去講。好幾次，我在半夜接到電話，對方一聽到是我的聲音，就匆匆忙忙的掛斷了。

一個人的時候，森經常滿面愁容的發呆，一發覺我在注意他，他又假裝若無其事的走開。

我一再告訴自己，要信任自己的丈夫，不要疑神疑鬼。但森是一個不懂得說謊矯飾的人，面對種種蛛絲馬跡，我怎麼能強迫自己視而不見？

森今晚又要加班，等到他回來，我一定要好好的問問他。不管真相如何，我和孩子都有知道的權利。

我半臥在沙發上，拿著遙控器不停的轉台，一轉就轉了好幾個小時。

窗外開始下起大雨，森還沒有回來。

早上送他出門的時候，我順手放了一把雨傘在他車上，他應該不會不記得吧。

雷聲突然大作，腹部的胎兒猛力踢了我一下，令我幾乎要跌下沙發。「沒事的！沒事的！」我摸著我的肚子，試圖安撫肚子裡的孩子。對寶寶說，也對我自己說。

九點檔的韓劇都演完了，森還沒有回來。雨越下越大，氣象預報說今晚颱風會登陸北部。我忍不住打了通電話到森的辦公室去，是值班的管理員接的，他說，所有人早在七點多的時候就走光了，今天根本沒有人加班。

還有什麼理由？還有什麼理由？我還能用什麼理由來欺騙自己呢？

客廳的溫度一時之間降得好低，我拿了條毛毯蓋住自己和寶寶，毯子底下暖呼呼的，令人昏昏欲睡……

等我醒來的時候，已經半夜兩點了。我聽到有人

用鑰匙開門的聲音，是森回來了。

　　他淋了雨，眼眶泛紅，全身溼漉漉的站在門外。

　　為什麼不用我放在他車上的雨傘呢？

　　找到房裡拿了一條大毛巾來給他擦拭。他接過毛巾，順勢一把把我摟進懷裡，他身上的雨水沾濕了我的衣裳、我的眼睛……，我聽到森近乎哽咽的對著我說：「老婆，我愛妳，我愛妳……」

　　是真的嗎？我有沒有聽錯？

　　那一瞬間，我知道我這些日子以來所有的猜疑都是真的。

　　雖然我從來沒有懷疑過森對我的愛，但是我也知道，他才剛剛在我以外的地方，結束了另外一段感情。

　　本來，我想問他，「從什麼時候開始的？」

　　本來，我想問他，「為什麼要這麼對我？」

　　但是我沒有。我只是輕輕的用毛巾替他擦乾頭髮，把這個脆弱的男人抱進我的懷裡。無比溫柔的告訴他：「我也愛你。」

如同泰姬瑪哈陵一樣，男人最盡致淋漓的一次愛的表現，往往不是出於愛情，而是出於內疚。

只是內疚，其實也是一種感情。再也不會有人比我了解這種感情了。

森，對不起。從很多年以前，好多次人工受孕失敗之後，我就知道：我們之間，是不可能會有孩子的……

愛戀30
　　——發春的30個理由

3　「讀」的發春

明天，就是退伍的日子了。

我收拾著行李，回想過去這一年多來在軍中的種種。

小小的背囊裡，堆積如山的信件占了絕大部分的體積。

那時，我沒有考上理想的大學，幾番思量以後，我決定先去當兵，退伍以後再想辦法升學。

今天晚上的月光很明亮，令我想起了入伍的前一天晚上，我和婷也是漫步在同樣的月光下。直到午夜十二點，我才依依不捨的走路送她回家，好不容易走到了她家門口，她卻又堅持要送我回家，我們就在小路上這麼一來一往，手牽著手一直走到天亮。

臨別前，婷答應我，一定每天寫一封信給我，好讓我在金門當兵的日子一點也不感到寂寞。我親吻她

18

的臉頰，勾著她的小指，告訴她，等我退伍以後，一定娶她。

婷沒有食言，我入伍以後，天天都可以收到婷的來信。總要到每天五點的發信時間，我才覺得這一天才要開始。同梯的弟兄有人羨慕我、有人忌妒我，這些我都不在乎。我只希望我和婷的感情不要受到時空距離的影響，希望等我退伍的那一天，婷會出現在碼頭等我。

那時候，我是真的這麼相信的。

我和婷的感情在我入伍三個月之後開始有了變化。她的來信越來越少，有的時候，甚至一個禮拜我都等不到她的一封信。我趁晚上休息的時間偷偷起來打電話給她，她接到電話，沒有一絲愉悅，只是叫我趕快去睡覺：「這麼晚了，你偷打電話不怕被吊起來打嗎？台北一切都很好，你不用替我擔心。」

我聽得出來，她真正的意思是，我不要你的關心……

後來，我連續幾次打電話給婷，她不是去補習，

就是和玲出去逛街。玲是婷最好的朋友，以前大家經常玩在一塊兒，我打電話給玲，她正一個人窩在家裡睡覺。那麼，婷又是和誰去逛街呢？

日子週而復始的過去，沒有婷的來信，我的生活失去了意義。

就在我碰了幾次釘子，感到萬念俱灰的時候，意外的，我又收到了婷的來信。

這次的信是用電腦打的。婷在信裡告訴我，她剛剛學了電腦，所以迫不及待的想要用電腦寫信給我。

婷又恢復了以往溫柔甜蜜的語氣，也恢復了一天一封信的習慣。她的信寫得比以前都來得豐富詳盡，不時告訴我她在大學裡頭發生的趣事，她和玲一起做了哪些壞事，看著婷寫給我的信，我彷彿看見了另外一個世界，她的文字把我帶到了一個更遼闊、更美好的境界。

新年假期，我臨時被分派留守軍營，沒有辦法回家過年。我想，婷一定很失望吧！我們期待這次的相聚，已經等了很久了。

　　為此，我特地打了通電話回台北，想要親口對婷說聲抱歉，也好順便安慰安慰她在信中提到期末考考砸了的壞心情。

　　婷接到我的電話，語氣先是一怔。「你怎麼會打電話給我？」好像她從來不認識我似的。

　　「我……」不知道為什麼，我竟然感到有些膽怯，好像我從來不認識她似的。「我是要告訴妳，我今年過年不能回去了。」

　　「喔……」婷聽起來像是鬆了一口氣。「你不必特地打電話來告訴我的，我根本沒有想過你回不回來這個問題。」

　　「但是妳在信上寫說……」

　　「什麼信啊？我已經很久沒有寫信給你了啊……」

　　那一刹那，我像被一顆大石頭砸中了腦袋，只是這顆石頭還不肯放過我，它穿過了我的頭、我的心，直搗我的五臟六腑，把我折磨得肝腸寸斷。

　　好痛、好痛，原來婷早已在我沒有發現的時候，悄悄的離我而去……

那麼，我收到的那些信，又是誰寄來惡作劇的呢？

當天下午，我又收到了一封信。信裡的語氣一樣親切平和，向我訴說著她的寒假計畫，信末，她問我過年到底會不會回台北，如果要回來的話，打電話向我父母說一聲就行了，不必回信給她。署名一樣是「婷」。

哼！她怕我一旦回信給婷，事情就會穿幫了！這個神祕人，似乎很了解我和婷之間發生過的事。而且，時間點也未免太巧合了吧！剛剛好是我不再收到信的一個月左右，她就寫信來了。

我左思右想，能夠知道這麼多，而且會願意這麼做的……只有一個人。

我沒有去興師問罪，也不想去揭穿那個神祕人，因為我怕一旦真相大白，我就不會再收到信了。

從前，婷的信是我一天的開始，現在，這些信也是。信的內容有的鼓勵我、有的安慰我、有的娛樂我，它讓我孤單的時候不孤單、寂寞的時候不寂寞。

有的時候，我甚至會認為寫信的人比任何人都瞭解我，隔著遙遠的距離，她就像我的影子一樣瞭解我。

一天一封信，這一年多來，從來不曾間斷。

我數了數背包裡頭的信件，總共有五百七十九封信。其中有八十二封是婷寫給我的，剩下的四百九十七封，全是用電腦打的。

這些信就像是日記一樣，在我的生命裡扮演著不可或缺的角色。

天亮了，我坐上船，準備踏上歸途，揮別我的軍旅生涯。

今天的風浪不大，小船以全速航行。

離岸邊還有一段距離的時候，我就已經看見了一個熟悉的身影。如此想念，如此想念，淚水模糊了我的視線，我從來沒有發現，原來我對她的依戀，早已是如此深長、如此久遠……

船靠岸停妥，我是第一個下船的旅客。

我來到碼頭，在等待的人群中找到了那張殷殷期盼的臉。接下來，我發現我的左手已經牽起了玲的右

23

愛戀30
　　——發春的30個理由

手，在夕陽照耀下，我們沿著海岸往前走，就像我們
一直以來都在一起般的自然。

4　「寫」的發春

陳大銘和周麗麗的地下情已經持續六年之久了。

陳大銘和老婆大人的感情融洽，公司裡人人皆知。誰也想不到，這麼一個形象端莊的新好男人會背著老婆偷吃，而且吃的還是自己辦公室門口的窩邊草。

周麗麗是陳太太親自挑選來這家公司擔任陳大銘的秘書的。她的工作能力不算特別好，工作經歷也沒有任何過人之處。陳太太會選中她的理由，純粹只因為她的外貌一點也不出色。

周麗麗的長相正好和她的名字相反。她長得不醜，卻是那種你可能看了好幾次都仍然叫不出名字來的大眾臉，平板的五官上面沒有塗抹任何脂粉，就連衣服穿的都是學校制服拆了學號的那一種。

周麗麗剛進公司的時候，人人都把她當成小妹看

待。「小妹，幫我倒個茶！」「小妹，幫我拿這一疊文件去影印！」而一向沉默寡言的周麗麗，竟然也都一五一十的照做。直到有一次，一個不知好歹的辦事員又指派周麗麗去做那些雜事時，陳大銘突然現身在總經理辦公室的門口，一臉嚴肅的對大家宣佈，周麗麗是他的私人秘書，不是人人都可以使喚的小妹，誰若是敢得罪周麗麗，就等於沒有把他這個總經理放在眼裡。

　　這項辦公室宣言一發表，周麗麗一下子從麻雀變成了鳳凰，她的座位不但從一般員工的區域遷往總經理辦公室裡面，公司上上下下對她的稱呼也由「小妹」變成了恭恭敬敬的「周小姐」。誰能想到，這個樸實無華的鄉下女孩，竟然會和高高在上的總經理在辦公室裡搞鬼？

　　最危險的地方就是最安全的地方。陳大銘一向信奉這個道理。

　　在商場打滾了這麼多年，主動投懷送抱的對象不是沒有，但陳大銘知道，那些女人是碰不得的，她們

表面說有多溫柔就有多溫柔，然而接近你的目的卻不外乎是吸乾抹盡再撈一點油水。陳大銘哪裡肯吃這種虧？真的要找情婦，就要找周麗麗這一種，單純乖巧，唯命是從，即使你把她賣了，她都還會跟在你後面幫你數鈔票。更何況，這是太座親自替自己挑選的，要是哪一天周麗麗把事情抖了出去，也根本不會有人相信。

周麗麗的外表的確不怎麼樣，但在自己的調教之下，床上功夫倒也還差強人意。最方便的是，她是自己的秘書，兩個人一起上賓館，還可以假藉客戶的名義報公帳。對於這麼一個面面俱到的情婦，陳大銘原本是為自己的慧眼識人感到有些得意的，只是近來不知道為什麼，這娘兒們越來越騷，好幾次兩人在辦公室裡獨處的時候，這女人會莫名其妙的爬到身上，企圖挑逗自己，不知道她存的是什麼心態，難道還嫌外面的人眼睛不夠雪亮嗎？

「妳發什麼春啊！」每次說這句話時，陳大銘都會沒好氣的一把把她推開，而周麗麗也會驚覺自己的錯

誤，柔順的低下頭來，唯唯諾諾的連聲道歉。

那幅小鳥依人的模樣，原本陳大銘是有幾分心疼的，然而最近，他卻感到越來越厭惡，沒事裝那個委屈的樣子，是故意要讓自己內疚嗎？

前幾個晚上，一如往常的在賓館巫山雲雨過後，這女人居然問他什麼時候要和老婆離婚？陳大銘花了好幾秒鐘才敢相信自己的耳朵，這個沒大腦的女人居然以為他會為了她和老婆離婚？他真應該把她的話po在網路上，當成本年度最大的笑話！

再這麼下去不行。這女人的野心越來越大，早晚有一天會東窗事發。

他看著公司的年度計畫，明年初預定要在加州設立一個分部。剛好老婆也喜歡那裡的氣候，他決定明天就去面見董事長，主動爭取調往美國的機會。

董事長一聽到他有意出任東進的開路先鋒，高興都來不及了，怎麼可能拒絕他的請求。當晚，他就把這個好消息告訴太太，夫妻倆歡歡喜喜的準備赴美發展。

　　幾個星期以後，公司的人事命令發佈下來了，大夥兒皆為他調往美國的消息感到震驚，但他本人卻是樂得不得了。令他驚訝的是，周麗麗在看了公告以後，並沒有哭哭啼啼的追問他些什麼，她只是坐在她自己的座位上，時不時用一雙哀怨的眼睛注視著他。

　　想到這個女人明年就要滿三十五了，想到她在自己身上耗費了這麼多年的青春，陳大銘畢竟是有些於心不忍的。他到百貨公司買了一條一千多塊的銀項鍊，打算在最後一天上班的時候送給她，當作紀念，也算是補償。

　　陳大銘抱著戰戰兢兢的心情去上這最後一天班，不知道怎麼的，他開始有些害怕，怕面對周麗麗，也怕他離開之後，周麗麗要獨自一個人面對的人生。

　　出乎他意料之外，周麗麗今天請假，沒有來上班。陳大銘不由得鬆了一口氣。

　　他將裝著那條銀項鍊的盒子放在周麗麗辦公桌的抽屜裡，沒有留下任何字條、任何證據。

　　這樣的離別，是很淒美的吧！他知道周麗麗一向

喜歡看那些浪漫的言情小說，收到這條項鍊的時候，一定會感動萬分。

這一天的時間過得特別快，一個早上，不時有同事、長官、老友到辦公室裡來跟他道別。等他好不容易忙完手頭上的事情，已經是下午五點，接近下班時分了。

「不好了！不好了！警察局打電話來，說周小姐在旅館的房間裡自殺了！」一名職員慌慌張張的跑進來。

「在哪一家旅館？」陳大銘佯裝鎮定，一面穿上外套，一面走出辦公室。

他深怕周麗麗留下遺書揭發他倆的私情，他得在第一時間趕到現場才行。

當他到達忠孝東路上的一家旅館時，警方已經把整層樓都包圍得水洩不通。

陳大銘一見到警察，劈頭就問：「死者有沒有留下什麼遺書？」

警察搖搖頭，陳大銘暗自感謝上蒼。危機已經過

愛戀30
——「寫」的發春

去，這個世界上，再也不會有人會知道他和周麗麗之間種種見不得光的事情了。接下來，他只要以死者上司的身分，表達一下哀悼之意就可以了。

陳大銘深吸一口氣，掩飾住嘴角的笑意，滿面淒容的走進陳屍的房間。

只是，當他看見周麗麗的屍體時，他一點都笑不出來了。

那個女人安詳的躺在床上，身上不著一縷，左邊乳房心臟的部位用刀子刻了三個血紅的大字……

她竟然把他的名字，刻在自己的胸前。

「發……發……發什麼春啊！」陳大銘幾乎腳軟，他靠著牆壁，低聲說出了這句咒罵。

只是這一回，周麗麗再也不會乖巧柔順的低下頭來了。

5 「風」的發春

張國榮以《不羈的風》一曲風靡樂壇的時候，王靜宜還只是個小學生。

還搞不清楚什麼是愛情、什麼是感情，王靜宜已經全然融化在張國榮的魅力之下。

要找男朋友，就要找個像風一樣的男人。打從十一歲開始，王靜宜就立下了這個志願。

長大以後的王靜宜人如其名，斯斯文文、安安靜靜，給人的印象永遠是不折不扣的乖乖女。朋友們都覺得奇怪，這樣一個乖巧懂事的好女孩，怎麼會跟鍾德齊那種流氓在一起。

鍾德齊並不是真的在道上混的流氓，他是樂團裡的吉他手，每個禮拜二、四固定在一家pub演出。不玩吉他的時候，鍾德齊就玩車。他那一副皮衣皮褲，騎著重型機車的模樣，給人一種「絕非善類」的印象。

「流氓男友」的這個稱號因此在王靜宜任職的公司裡不逕而走。

戴著墨鏡的鍾德齊，遠遠看，還眞有幾分張國榮的影子。更難得的是，他和王靜宜一樣，早在很多年以前，就把張國榮視爲終生的偶像。

是有緣千里還是純屬巧合？恐怕只有當事人才能定奪了。

王靜宜第一眼看到鍾德齊，就深深被他的外表給吸引。幾次見面以後，她發現兩人竟然有相同的情懷、相同的偶像，王靜宜心裡更是感到小鹿亂撞。

最不可思議的是，她的心上人似乎也鍾情於她。深田恭子與金城武的神話，居然在現實生活裡實現了！王靜宜有點不敢相信自己的好運。

「我是不會爲了任何人放棄自由的。」他說。

「我也是不會要求任何人爲我放棄自由的。」她馬上聰明的接口。

愛一個人，就要讓他做自己。在鍾德齊面前，王靜宜只是一個抬不起頭來的小歌迷。

她對鍾德齊始終保持著一股莫名的崇拜，甚至……甚至把他當成了張國榮的化身。只要是鍾德齊說的話，王靜宜都覺得有道理；只要是鍾德齊提出的要求，王靜宜從來沒有一次說「不」。爲了這名像風一樣的男子，王靜宜連靈魂都可以出賣。

當然，王靜宜也不是全無感覺、逆來順受的木頭人。這樣盡心盡力的付出，若是可以得到一點點溫柔的回報，王靜宜是可以無怨無悔的。偏偏那個鍾德齊老是得寸進尺，他知道王靜宜愛他、願意縱容他，便益發恣意妄爲，視一切爲理所當然。

他說他明天要登台演出，臨時找不到搭配上衣的鞋子。王靜宜只好陪他挑燈夜戰，逛遍了整個京華城，好不容易才找到一雙適合的鞋子。兩人走出那座大圓球時，天都已經亮了。鍾德齊心滿意足的回家睡覺，王靜宜則撐著眼皮繼續上班。

身爲人家的女朋友，爲男人分憂解勞倒也不爲過，王靜宜從來不是斤斤計較的女人。

鍾德齊到過王靜宜的公司幾次，不過，不是來接

她下班的。他在街上看到了一組德國原裝進口的古董吉他，但是銀行戶頭裡的錢不夠……。妳知道，現代人都重門面不重實力的，若是哪一家唱片行的老闆看到我用那把吉他，說不定會因此而大力提拔我，妳難道不希望看到我功成名就、出人頭地嗎？

這麼冠冕堂皇的理由，王靜宜怎麼忍心搖頭？

四月一號那天，他們兩人本來約好一起吃晚飯。王靜宜依照約定的時間抵達餐廳，卻一直等到店家都打烊了，還仍然見不到鍾德齊的蹤影。

王靜宜懷著失望的心情，一個人拖著沉重的步伐回家。

打開電視，她看到了巨星張國榮墜樓自殺的新聞。這……這是真的嗎？

傷心欲絕的王靜宜撥了通電話到鍾德齊的家裡。響了很久，電話終於接通了。話筒那端卻傳來鍾德齊愉快的聲音，「嘿，寶貝！我正在家裡開party，有好多朋友都在這裡，妳要不要過來？」

他壓根兒忘了他們的約定，也忘了今天是什麼日

子。

　　他難道聽不出來她正在哭嗎？而他卻在那裡高高興興地開party？

　　「啪」的一聲，王靜宜掛上了電話。她終於有了勇氣，第一次拒絕了這個男人。

　　即使是風，也分成很多種，清風、微風、涼風、晚風、狂風……，她又何必死心蹋地的作賤自己，守著這個不羈的風呢？

　　「我是不會爲了任何人放棄自由的。」隔天傍晚，王靜宜在公司樓下遇見鍾德齊時，他又再一次向她宣告。

　　那兩手插腰的姿勢，像極了一隻準備戰鬥的公雞。

　　「但我要的不是自由，而是尊重。」王靜宜平靜的說。她忽然明白了鍾德齊這種男人，表面上裝得好像很瀟灑、很浪蕩，不過只是藉此來掩飾自己的無能與懦弱。他說他想要自由，其實是不想負擔任何責任。像他這種人，根本不懂得什麼叫愛，更不可能有張國

榮如暖風般的深情與義氣。

　　承認吧，他根本不是自己期待與想像的那個人。

　　王靜宜跟公司拿了一個假期，搭乘最近的一班飛機到香港去參加偶像的告別式。這個世界或許再也找不到一個像風一樣的男子，但無論如何，美麗的愛情仍在天地間蔓延，只要你偶爾停下腳步，你就一定能感受得到，風，仍然繼續在吹……

6 「月」的發春

「月亮好美喔！」

「是嗎？我去替妳把月亮摘下來。」說完，我從口袋裡掏出了一枚珍珠戒指，輕輕的套在她的手上。

「嫁給我吧！」

　銀色月光下，渾圓的珍珠散發著皎白潔淨的光芒，和人間堅貞不移的愛情互相輝映。

珍珠，是地上的月亮。我們的故事，就是從那一枚珍珠戒指開始的。

每當看得見月亮的夜晚，我就會看到她佇立在窗前，眉頭深鎖，離情依依。

多少年了，她的左手無名指上始終戴著那枚珍珠戒指。

我想撫去她臉上的那抹憂傷，但是我做不到。我

已經沒有資格愛她，只能偷偷的、默默的站在遠處看
著她。

　　自從我離開她之後，我就不曾看見她笑過。

　　那時她仍年輕貌美，身邊不乏一些蒼蠅蝴蝶，條
件比我好的人多得是，但是她就是沒有一個看得上
眼。

　　我知道，她仍在等我。

　　我們曾經承諾過彼此，我們兩人的愛情要像月亮
一樣，潔淨無暇、渾然天成，永遠散發著深沉含蘊的
光澤。星星固然耀眼，整片天空卻能容納數以萬計的
星星，只有月亮，才是獨一無二。不管陰晴圓缺，月
亮永遠都是月亮；不管貧賤富貴，我們也都永遠會是
對方的唯一。

　　這些話還言猶在耳，我和她卻已經相隔千里。如
果可以重新來過，我想我會盡全部的努力，只為了能
日日夜夜守候在她的身邊。

　　多少年了，眼看著她從青春年少直到白髮皚皚，
我的懊悔沒有一刻停止過。

「嫁給我吧！」我想起那個時候的她，因喜悅而臉紅的表情。

「哪有這麼容易說嫁就嫁！」她的兩隻眼睛閃閃發光，比天上的月亮還要晶瑩剔透。

「我都已經把天上的月亮摘下來送給妳了，還不夠證明我有多愛妳嗎？」是的，是的，我是真的很愛很愛妳。

一直到現在，我還是愛著妳……

「少來這一套！只是一枚珍珠戒指而已，你當我是小孩子好騙嗎？我不管，我要你把真正的月亮摘下來給我。」

我望著淘氣任性的她，完全無法掩飾嘴角的笑意。

我輕輕的握著她的手，將她的手掌朝上舉向空中，舉到月亮下緣的位置。從這個角度看過去，月亮好像真的被她托在手上一樣。「妳看，我不是把月亮放到妳手中了嗎？」

她微笑著把頭靠在我的肩膀上。

「妳覺得幸福嗎？」我問。

「嗯！已經不能再幸福了。」

我以為，這就是我們的一生一世。沒想到我們的故事才剛開始，就已經走到了終點。

我站在床邊，看著滿頭白髮的她虛弱地躺在病床上，卻連一聲她的名字我都叫不出來。

她沒有結婚，沒有子孫也沒有任何親戚朋友在身旁照料。久病纏身，龐大的醫療費用使得家裡值錢的東西都已經賣的賣、當的當。然而，她唯一堅持保存下來的，是我當年送給她的那枚珍珠戒指。

如今，她的臉已經蒼白的和手中的珍珠一樣，我知道她將不久於人世。只是，我又能為她做些什麼呢？

看著心愛的人為你而受折磨，那才是人世間最大的折磨。

疼痛擊潰了她的身體，逼得她沒有意識的大聲叫喊。我肝腸寸斷，不顧一切的走上前去，緊緊的握住她的手。只是這個時候的她，已經感受不到我的溫

41

度、我的力量。

「振……邦……振……邦……」她臨死前的一刻，叫喚的是我的名字。

從她閃爍著淚光的眼睛裡，我知道她終於看見了我。

這是在婚禮前一天，我出車禍死亡後，相隔漫長的四十多年，我們第一次相見……

「你……你終於……終於來接我了……」

「不，其實我從來就沒有真的離開過。」

我握著她戴著珍珠戒指的左手，把它舉到和窗外的月亮一樣高。千山萬水，天上人間，也阻隔不了我們對彼此的依戀與思念。

這是我們的月亮，這是我們的愛情，這是我們的永生永世。

7 「雲」的發春

我始終忘不了依琳那一天的神情。

她紅著眼眶含著淚水對我說：「你知道想念的滋味嗎？」

我搖搖頭。她繼續說：「每當我想你的時候，我就只能看著天空發呆。望著窗外的雲飄飄蕩蕩，沒有一個落腳的地方，我覺得我也跟天上的雲一樣，心裡塞滿了想念的滋味，卻還是必須靜靜的等待，找不到一個該去的方向……跟你在一起，我的心是滿的，靈魂卻是空的，你能體會那種感覺嗎？」

老實說，我不能。

我承認我因為工作忙碌的關係，多少有一點忽略了身邊的人。但是我怎麼也想不到，因為我缺乏誠意的表現，竟會帶給我深愛的人那麼多的痛苦。

認識依琳的時候，我正處於工作的巔峰期。忙碌

的研究報告使我非得把一天當成三天，把一個人當成三個人用。和依琳一個禮拜見不到一次面是常有的事，快到交報告的時候，我更是把自己關在研究室裡，埋頭苦幹，與世隔絕。

依琳很愛我，我是知道的。她在我心目中的份量，也一直是無人能及的。只是，再怎麼重的份量，也不及我手頭上這本學術報告重要。這可是攸關我未來前途的終身大事啊！

為了我的家人，為了我的鄉親父老，為了給依琳一個更美好的未來，我把所有的精神都花費在工作上頭。所有的努力，都是為了要爬到專任研究員的位置。這個位置雖不是金飯碗，倒也還算是個銅飯碗。我衷心希望，可以和依琳分享這一切成就。

依琳說她要走的時候，我還一時反應不過來。

「好，妳先走。我忙完以後再去找妳。」

「余振泰！我不只是要走，我的意思是，我要離開你。聽清楚了沒有？我、要、離、開、你！」像要一口氣發洩完這三年來所受的委屈似的，依琳在我耳邊

大聲叫喊，我從來沒有見過她這麼失去理性的樣子。

「為什麼？我們不是很要好嗎？妳為什麼突然要離開我？」

她哭了，淚水大滴大滴地從她的臉頰滑落。

「你知道想念的滋味嗎？」她說。

依琳去了紐約讀碩士，可惡的我，竟然連她上飛機的那一天都沒有去機場送她。厚厚一大疊研究報告阻擋在我面前，我實在走不開。

依琳走後，我發覺，我望向窗外的時間漸漸多了起來。

工作的空檔、下班後的閒暇時間、早上起來的第一眼、開車等紅燈的時候……，我總會不自覺的望向窗外，望向天空。

天上的雲多麼的悠閒自在，然而，它們卻是沒有終點，也沒有目標、空蕩蕩的一個軀殼。我終於能夠體會依琳的心情，雲開、雲散，都是不由自主；無依無靠、沒有寄託的靈魂，再自由也灑脫不起來；沒有

歸宿的愛情，再深刻也無法長久。依琳要的，其實只是一份依靠、一份寄託、一份歸屬感。

而我這座港灣，竟然連船隻想要靠岸的渴望都滿足不了。

看著窗外飄忽的白雲，不知道依琳在紐約看到的又是什麼樣的天空？

我學著電影裡的男主角，每當想起了依琳，我就會對著天空，拍下一張張的照片，當作是我想念她的每一天……

「你知道想念的滋味嗎？」

是的，現在的我，終於知道了。心是滿的，靈魂卻是空的。思念，原來是這麼令人斷腸的感覺。

那麼，為什麼不去找她呢？心裡一個小小的聲音對我說。

去找她，頂多是一頓臭罵，外加掃地出門。

但至少可以再見她一面。

不去找她，你很有男子氣概，卻只是一個不勇於承認錯誤的豬頭。

　　老是望著窗外的雲，你的研究報告根本不可能交得出來，你還有什麼前途？還有什麼未來？

　　在這一連串冷靜的分析思考中，我似乎看到了我垂老矣矣，卻仍是孤家寡人的畫面。

　　依琳在我心目中的份量，遠比我以為的還要重要許多。

　　現在補救，或許還來得及。

　　我坐在飛往美國的班機上，想著十二個鐘頭以後，我見到依琳時，我該對她說些什麼。

　　我想告訴她，白雲之所以沒有一個落腳的地方，是因為整片天空，都早已是它的家。

　　「妳知道幸福的滋味嗎？」我一定得這麼反問她。

8 「火」的發春

　　李詠芳和許正維結婚多年，外面的人都羨煞了他們的婚姻。

　　然而，李詠芳其實早已對這段婚姻感到厭倦，更對許正維的無心感到厭倦。

　　許正維是個好人，大家都說他是個好人。只有李詠芳才知道，這個好人的外表下藏著的是什麼樣的壞心眼。

　　遇到同事升官，許正維永遠是第一個送花籃道賀的，但是一轉身，許正維卻是連夜上公司網站去散布流言、污衊對方的那一個。

　　星期假日，許正維最喜歡的活動，是帶著老婆到家裡附近的大賣場免費「吃到飽」。他總是衝進人群裡搶奪超市提供民眾試吃的食品，一連吃了人家好幾個，才又用不屑的口氣批評，「難吃死了！這種東西

也敢拿出來賣？以為消費者好騙啊！」

你才以為店家好騙呢！許正維的無恥行徑，李詠芳全都看在眼裡。她只能以抱歉的眼光，連連向超市攤位上的工讀生低頭表示歉意。

許正維貪小便宜的行為不只如此。他經常在買回家的罐頭食品中「加料」，或是在拆封的衛生紙裡藏一塊鐵片，然後寄回給廠商，告訴他們商品有問題，請立即處理。

家裡儲藏室中堆積如山的衛生紙和吃不完的罐頭，全都是這樣而來的。

都幾歲的人了，還玩這種小朋友的把戲！李詠芳根本看不下去，只是許正維非但不介意，他似乎還為自己的小聰明感到驕傲呢！

這些都是在結婚以前，李詠芳不知道，也從未曾想過的。

如果單單只是這些小缺點，李詠芳倒也可以睜一隻眼，閉一隻眼，各過各的日子。

只是近來，她發現自己的丈夫不只貪小便宜，他

還貪圖美色。

許正維在外面有了女人。

李詠芳可以忍受一個不浪漫的丈夫，甚至可以忍受一個無恥之徒，但是她怎麼也無法接受，自己的丈夫是個感情上的叛徒。

那是她親眼見到的。那一天下午，她和朋友一起到百貨公司去逛街，遠遠就看到她的丈夫摟著一個女人，親暱的走進一家名牌飾品店。

幾分鐘以後，李詠芳看見他們手牽著手走出店外，那女人手上多了一只袋子，像沒有骨頭似的，整個人幾乎是貼在許正維的身上。

哼！自己連結婚戒指都只是在傳統金鋪店買的，那個女人憑什麼可以用那麼名貴的牌子？更氣人的是，許正維平時錙銖必較，小氣到不能再小氣，他居然願意花大筆鈔票，買禮物給那個賤女人！

「咦，那個不是妳老公嗎？」身旁的朋友順著李詠芳的視線望去，立即驚訝的指出。

「呵，很像，對不對？」李詠芳故作輕鬆的笑了

笑，「我起先也以為是，後來仔細一看，才發現不是。」

許正維讓她丟臉，李詠芳可不打算讓自己丟臉。

她是不會讓別人知道這種醜事的。

只是，憤怒如火般在她心裡慢慢燃燒。自己委屈求全了那麼多年，不過是希望一段完整的婚姻，一個平平靜靜的生活，這點要求難道算過分嗎？這麼多年的努力，這麼多年的忍耐，就這麼在轉眼間被許正維那個叛徒給毀了。

李詠芳小心翼翼的，沒有在丈夫面前表現出任何一點不悅的神色。

道貌岸然的許正維仍然在同事面前扮演好伙伴，在外人面前扮演好丈夫，在全世界面前扮演一個好人，這一切令人作嘔的偽裝，李詠芳已經看膩了。

她決定，她再也不要忍受下去了……

故事還沒有寫完，我趁著假日的午後，把這篇極短篇小說拿去客廳給我丈夫鑑賞。

我的丈夫是一個在中學教書的國文老師，無論是文思、文采，他都比我出色很多。正因爲有他的幫忙，我才能持續不斷的創作。

「嗯……我覺得妳寫得不夠深刻。」丈夫看了看，開始評論起我的作品：「李詠芳知道了丈夫有外遇，應該要先感到難過、傷心，然後才是生氣。妳把她形容得太激烈了。一篇好的小說應該要像行雲流水，而不該是像熊熊烈火，筆調太倉促，根本無法引起讀者的共鳴。」

「要有愛才會覺得悲傷難過啊！李詠芳和許正維這段婚姻，早就已經有名無實了。一個人又怎麼會爲了她不愛的人感到傷心呢？她只會覺得生氣。」

我一邊替我的小說辯解，一邊緩緩站了起來，站到窗前去吹風。

「還有，許正維外遇的理由，妳是不是也應該交代清楚呢？我覺得妳這整篇故事都只是在替女主角說話，完全沒有站在男人的立場來看……」

我老公眞是聰明，說得好有道理喔！

對面鄰居的陽台上空無一人，從陽台上走回沙發。經過他身後時，我刻意停下了腳步。

那動作明明只有三、四秒的時間，我的感覺卻像經過了一世紀。

憤怒如熊熊烈火蔓延到我的全身。

我戰戰兢兢的從懷裡掏出一根十幾公分長的繡花針，以迅雷不及掩耳的速度，狠狠的從他頭頂中央插入……

沒有一絲掙扎，沒有一絲叫喊，他死亡時臉上的表情，佈滿了不敢相信的震驚。

是的，這就是我想看見的表情。

是的，這就是叛徒所應該付出的代價！

親愛的老公，你說得沒有錯，我只是一直在替女主角說話，但我也早就告訴過你，我－不－要－再－忍－受－下－去－了……

9 「花」的發春

「哇！金色的玫瑰花好美喔！」女孩說著，雙眼因為渴望而閃閃發光。

那是一個介紹威尼斯手工藝的旅遊節目，主持人說明著金色玫瑰花的製作過程。師傅在乾燥的玫瑰花上，沿著花瓣一點一點的鋪上金箔。金箔的厚度不到零點零五公分，其技術與困難度之高，只有從事這一行超過三十餘年的玻璃工匠才做得到。

金色的玫瑰花，象徵著愛情的浪漫與璀璨。

男孩暗暗發誓，他要在女孩十八歲生日那天，給她一個畢生難忘的驚喜。

為了這個驚喜，男孩從好幾個月前就開始到便利商店打工，其中所得微薄的薪水，他全數存了下來。

只是，離目標還差好幾萬塊。

女孩的生日就快到了，男孩決定變賣他心愛的機

車。他在女孩生日前夕去了一趟威尼斯。飛了十七個小時，男孩只在當地逗留了半天，就火速趕了回來。

他帶著一朵金色玫瑰花回來。

女孩看見男孩送給她的金色玫瑰花，驚喜的說不出話來。她在男孩的臉頰獻上深情的一吻。

男孩很高興，他所有的辛苦付出，都總算有了回報。

只是，一個禮拜之後，女孩卻投入了別人的懷抱，離開了這個癡情的男孩。

「哇！金色的玫瑰花好美喔！」女孩子就是這樣，只要看到美麗的事物，就會不由自主的發出一聲讚嘆。不過，她只是說說而已，並不是真的想要擁有。

男孩為了打工，整天忙碌奔波。連晚上通電話的次數都比從前少了一半。

女孩百思不解，男孩這麼辛苦究竟是為了什麼？賺錢真的有這麼重要嗎？她已經感受不到他真心的陪

伴。

十八歲生日那天，女孩收到的禮物，是一朵來自威尼斯金色的玫瑰花。

男孩說，這是他千里迢迢親自去替她帶回來的。

而這些日子以來的付出，爲的就是這朵玫瑰花？

天吶！她怎麼會跟一個這麼傻的笨驢在一起？

女孩吃驚得說不出話來。爲了慰勞男孩的辛勞，她還是耐著性子，在他臉頰印上冰冷的一吻。

她一直沒有告訴他，就是在他耗盡苦心、大費周章的替她尋找這朵金色玫瑰花時，她才下定決心要離開他的。

夢幻虛無的愛情她受不了，爲什麼男人總是以爲送女孩子花就叫做浪漫？

她要愛情，更要麵包。她情願男孩送她的是一束金莎，也不要什麼玫瑰花、喇叭花、三八阿花……。至少，金莎還可以用來填飽肚子。

10　「眼」的發春

　　我在台上拉著小提琴，台下有數十隻眼睛都在看著我。

　　我是個不得志的音樂家，平常只能靠在餐廳裡拉拉小提琴來糊口。不過沒關係，我學音樂的目的並不是為了要揚名立萬，只要可以用小提琴演奏我喜歡的音樂，只要我拉出來的音樂還有人願意欣賞，對我來說，就已經是比什麼都好的禮物了。

　　我在這家西餐廳裡表演已經三年了。進到這裡的客人多半是為了食物而來，我的琴聲只不過是陪襯。這一點我心知肚明，我也從來不敢奢求，會有人為了我的琴聲而來。

　　但是奇蹟居然就這麼發生了！半年多以前，我開始每天收到一張紙條。

　　紙條是下了班之後，餐廳裡的服務生在小費箱中

發現的。

摺疊整齊的紙條上面寫著「給那位小提琴女孩」。內容多半都是稱讚我的琴藝，誇獎我的琴聲撫慰人心……等等之類的話，署名千篇一律是「鋼琴手」這三個字。

不過，從三個月前開始，紙條的內容有了一些轉變。

那個「鋼琴手」不只在信裡和我談音樂，他也開始和我聊生活，甚至……寫了一些令人臉紅的曖昧的話語。

就拿那天來說吧！我收到一張紙條，上面寫著：「我喜歡妳拉小提琴的時候專注的眼神，妳有一雙全世界最美麗的眼睛，請妳和我做朋友好嗎？」

雖然這張紙條令我有些震驚，不過，我卻是打從心底感到歡喜的。從來沒有人稱讚過我的眼睛。真的，從來沒有。

但是即使如此，我仍然不能對他有所回應。每天站在台上拉著小提琴，知道台下有一雙眼睛默默的注

視著我，我已經感到很欣慰了，不敢再有任何奢求。

　　雖然我始終沒有任何表示，但仍然每天都會收到紙條。

　　從兩個禮拜前開始，這些紙條上面寫的都是同樣一句話：

　　　「請妳跟我做朋友好嗎？」

　　　「請妳跟我做朋友好嗎？」

　　　「請妳跟我做朋友好嗎？」

　　我小心翼翼的把這些紙條藏在床頭的盒子裡面，卻仍然沒有勇氣點頭說「好」。

　　一天，當我表演完後準備要下台的時候，一個男人突然擋住了我的去路。我被嚇了一大跳，幾乎要被他的鞋子絆倒。

　　幸好他及時拉住了我的胳臂，很有禮貌的對我說：「我就是那個寫紙條給妳的鋼琴手。我不是故意要嚇妳的，我只是想知道，妳為什麼都不回信給我？」

　　這一天終於還是到了。

我深吸一口氣，試圖穩定住自己的情緒。

我微笑著對他說：「對不起，我看不見。我是個瞎子。」

我感覺到他錯愕的鬆開了我的手。我抱著我的小提琴，繼續走我自己的路。

是的，我是個瞎子。從很小很小的時候，醫生就宣佈我這輩子是不可能恢復光明的。

音樂是我的世界中唯一的色彩。雖然我看不到，但是我聽得到。我能聽見別人在發現我是瞎子以後充滿惋惜的竊竊私語，也可以聽見親戚朋友對著我的母親搖頭嘆息。

不過這都無所謂，因為我有音樂。我可以用音樂來證明自己存在的價值，可以用音樂來養活我自己。音樂給了我全部的快樂，即使我看不見，我依然可以過得像別人一樣好。

一切都是命，我從來不曾埋怨過天。

一直到我收到了鋼琴手的紙條，我好想知道他上面寫了些什麼，我好想親眼看看那些親切的字跡，看

看台下那雙溫柔的眼睛。但是那對我來說，簡直比登天還難。

鋼琴手寫給我的紙條，都是餐廳裡的服務生唸給我聽的。

那一刻，我才確確實實的領悟到，原來眼睛看不見的人，是連談戀愛的權利都沒有的。

打從遇見鋼琴手的那一天起，我沒有再收到任何紙條。我是個盲人，這是永遠改變不了的事實，為什麼我還要在那兒夢想那些根本不屬於我的東西呢？

音樂不能再帶給我任何快樂。我拉著那一串毫無意義的音符，想著我自己毫無色彩的人生。偶爾一個不小心，我甚至會在台上拉出一個尖銳刺耳的噪音，引起餐廳經理的滿腹牢騷。

這一天，我又被經理叫下去訓話了。他下了最後通牒，如果我膽敢再拉錯一個音，在外面排隊等著取代我的人多的是，要我好自為之。

我拖著疲憊的腳步走出餐廳門外，向左走七百零八步，過紅綠燈之後再向右走三百一十二步……，我

每天來來回回的走著這條路，不需要靠任何枴杖，就可以平平安安的回到家。

只是，這一天的我似乎特別的衰。我一走出門外，就遇見一隻小狗不停的對著我叫。我沒有理會牠，繼續一邊數我的步伐，一邊向前走。

沒想到那隻狗居然大剌剌的擋在我面前，阻礙了我的去路。屋漏偏逢連夜雨，連隻狗都來欺負我這個盲人！

我蹲下身去，想要和狗兒好好溝通一下。我伸出手，摸到了牠的頭，牠是一隻足足有半個人高的大狗，頸項上綁了一條皮鏈，應該是有主人的吧！

我捉住他的皮鏈，想要摸摸看上面是否有刻些什麼字。突然，那隻狗跑了起來，我來不及放手，只好跟著他朝不知道哪個方向跑去。這下可糟了，沒有了方向，弄亂了步數，我要怎麼回家呢？

正當我急得眼淚都快要流出來的時候，我聽到一個熟悉的聲音對我說：

「讓我做妳的眼睛，好嗎？」

　　這個聲音好近好近，近得好像就在我身邊。

　　近得好像一直都在我心中。

　　眼淚撲簌簌的掉了下來，一滴、兩滴……，沾濕了我的臉頰，沾濕了我心愛的人的手掌。

　　我們兩個人與一隻導盲犬的生活，就是從那一天開始的。

11　「耳」的發春

　　來英國讀書的前一晚，我和杰並肩躺在床上。

　　杰一面輕咬著我的耳朵，一面對我說：「到了英國，如果妳覺得耳朵癢，那就表示我在想妳。」

　　那是我和杰相戀三年多以來，第一次分離。

　　我們都是對方的初戀，在那個時候，我們都天真的以為，這段美好的戀情是絕對經得起時空考驗的。

　　我問杰：「我不在你身邊，你會不會愛上別人？」

　　「傻瓜，」杰笑著回答我：「妳雖然不在我身邊，可是妳一直都會在我心裡啊……」

　　出發的那一天，杰送我坐上前往機場的計程車。我們笑著揮手再見，好像我只是去出席朋友的派對，好像我只是暫時離開幾個小時。天知道，我這一走，就是相隔千山萬水，就是整整四年的分離啊！

　　在英國的日子雖然稱不上臥薪嚐膽，但也一點都

不輕鬆。我之所以可以咬緊牙關忍耐著，是因爲杰始終遵守諾言，一天一封e-mail，一個禮拜打一通電話給我。雖然相隔千里，我的感覺像是我們從來沒有分開過。杰說的沒有錯，他雖然不在我身邊，但卻一直都在我的心裡，默默的陪伴我渡過每一個寂寞的日子。

遠距離戀愛沒有我們想像中那麼艱難，我以爲，只要杰願意等我四年，我當然也會一心只想著他，等我讀完書回去，我們就可以結婚、生子，永遠過著幸福快樂的日子。

我從來沒有想過，我們兩個人之中，先變心的那個人會是我……

那是我在英國的第一個聖誕節。杰原本計畫好要來看我，卻因爲公司臨時有事不能請假，我們只好分開兩地，各自過著一個人的聖誕夜。

倫敦的街道好熱鬧，我獨自一人走在街上，心裡有一股說不出來的落寞。那晚下著大雪，凍得我渾身發抖。我逛街逛累了，原本打算折回去我的小公寓，豈知走到了公寓門口，我才發現自己出門時根本忘了

帶鑰匙。

疲勞加上思鄉，我無力的坐在公寓門口，一串串眼淚不爭氣的掉了下來。

「嘿！今天是快樂的聖誕夜耶，Merry Christmax！你一個人坐在這裡哭個什麼勁兒啊？」一個聲音對我說。在異地居然可以聽到熟悉的母語，我不禁抬起頭來多看了他兩眼。

這個男人的面孔我並不陌生，我似乎曾經在校園裡見過他，回家的路上也好像遇過他一、兩次，他雖然跟我一樣是黑頭髮，五官卻長得很日本，我一直以為他是日本人，所以我從來不敢主動上前跟他說話，沒想到他說的竟然是和我一樣的國語！

像看穿了我的心思，他對我說：「台灣人。我跟你一樣是台灣人。」

「你⋯⋯你怎麼知道我是台灣人啊？」我嚇了一跳。

「這還用說，我每個星期六晚上都可以聽到妳用國語和男朋友講電話，不是台灣人是什麼人啊？」

「你……你怎麼可以偷聽別人講電話?」我惱羞成怒。

「是妳自己說話太大聲了。這裡是倫敦,夜晚很靜的。不只是我,我想整棟樓都聽到了!不過,應該只有我聽得懂妳說什麼吧!」

「那……我住在406,你也知道囉!」

「何止知道,我住在506,正巧就在妳樓上。妳在下面的一舉一動,我全都聽的到。」他對我使了一個曖昧的眼色,透露出他已經注意我很久了。

那天晚上,我在506借宿了一夜。那個把整張床舖讓給我的男人,叫做周駿。

從那一天開始,我在英國的生活有了一些變化。我經常往樓上跑,或是和我新認識的鄰居相約一起吃飯。比起收到杰的e-mail,漸漸的,我更期待聽到樓上開門的腳步聲。杰雖然在我的心中,但他畢竟不在我的生活之中。

就在我生日前一天晚上,我和周陵上了床。

他用牙齒啃嚙我的耳朵,在我耳邊輕輕叫喚著我

的名字，如此溫柔、如此美好，使我癱瘓，融化在他的懷裡，一如當初，我融化在杰的愛裡一樣……

隔天早上，我收到杰寄來給我的一箱包裹，是一件白色的羽絨大衣。盒子裡附著一張卡片，上頭寫著：「希望這件大衣能夠代替我的雙手，給我心愛的人一個最緊、最溫暖的擁抱。23歲生日快樂！愛妳的杰」

我望著熟悉的字跡，感覺心像刀割般的疼痛。我該如何讓杰知道，他心愛的那個人已經被別人擁入懷中？我該如何讓杰知道，那個口口聲聲說不會變，那個說過會等他的我，已經辜負了他的心、背叛了他的愛？

杰千里迢迢為我送來生日禮物，而我回報他的又是什麼呢？

我和別人上床了，這表示，我已經沒有資格愛杰了。

我忍痛寫了一封信給杰，告訴他，謝謝他的禮物；告訴他，我在這邊過得很好；告訴他，我看見了

他所看不到的天空；告訴他，我認識了很多比他更有前途的人；告訴他，爲了大家好，我想我們還是分開吧！

女人若是眞心想要離開男人，只要設法傷害他的自尊就夠了。

一直到我拿到學位準備回國的時候，我都沒有再收到杰的來信。

杰永遠不會知道我離開他眞正的理由。眞正的理由是什麼？其實我也不知道。當時的我，只是不曉得該如何去面對杰，我找到了一個永遠逃避他的方法，卻沒有考慮過那可能會付出什麼樣的代價。

冬天過了，我打工賺了一點錢，搬到了一棟離學校更近的公寓。

周駿問我爲什麼要搬走？我告訴他，「我有了一件羽絨大衣，即使只有一個人，我也不會怕冷。」

周駿沒有留我。

他說過，這裡只有他聽得懂我的話。

最難承受的，原來不是寂寞，而是不甘寂寞之後

的悔恨。

　　回國以後，我聽朋友說，杰在我去了英國第三年的時候，和公司的一個女同事結婚了。

　　這個世界沒有永遠，時間可以讓一切改變。

　　我沒有再遇過杰，也沒有再聽到任何關於杰的消息。只是，一直到現在，每當我覺得耳朵癢的時候，我都會告訴自己：那是杰在想我。

12 「口」的發春

顧偉傑有著一口整齊漂亮的牙齒。只要他一展露出那陽光無敵的笑容，就幾乎沒有一個女人可以逃離他的手掌心。顧偉傑就是憑著這個一百零一號表情，馳騁於人肉市場，只要行家出手，就絕不可能失手。

只是近來，顧偉傑好像碰到了一些阻礙。他看上的那個女人，似乎對別的男人的興趣比自己還多。

頂著「熟女殺手」這塊閃亮的金字招牌，顧偉傑怎麼能允許自己無功而返。越是難追的對象，他越是要挑戰極限。顧偉傑佈下了天羅地網，誓言要在一個禮拜之內，把這個難搞的女人追到手。

這個難搞的女人叫做莎莎，天蠍座，A型，是顧偉傑任職的貿易公司新來的會計。身高167，體重不會超過50公斤。胸部目測應該有34C，那雙長腿肯定超過一百公分。顧偉傑憑著多年追求女人的經驗，暗暗盤

算著這個莎莎到底屬於哪一種「ㄅㄚ」。

論品味，莎莎全身上下沒有一件名牌貨，但看起來卻一點也不輸時下的拜金女。

論浪漫，天蠍座的女人講求實際，你若是送她一打玫瑰，她當天就會把花拿來炒一盤菜。

論花心，莎莎的身邊追求者眾，但從未見到她和誰走得特別近。若想要突圍而出，一定要使出一點狠辣的招數。

論交情，公司裡人人都知道他和莎莎的直屬上司是多年的老友。巴結他有什麼好處，那女人應該不會笨到看不出來。

顧偉傑想得越是透徹，心裡越是有十成十的把握。雖然那女人總是不給他好臉色看，但顧偉傑知道，那只是一般傻女孩的扭捏作態，只要自己拉下臉來窮追猛打，莎莎終有一天還是會融化在自己的懷裡。而且那一天，將會不遠矣。

更別提自己還有那一副神采飛揚、萬夫莫敵的瀟灑笑容呢！

愛戀30
——「口」的發春

　　顧偉傑算準了時機，月底結帳的那一天，會計通常都是最後一個下班的。他特地選在這個月的31號，準備出動將獵物一網成擒。

　　雖然他手邊的案子還可以拖，但顧偉傑還是假裝忙碌一直忙到公司裡只剩下他和她兩個人。看到莎莎從她的位置起身，顧偉傑也連忙將電腦關機，裝出一副「相逢自是有緣」的樣子。

　　「這麼巧，妳也要走啦！一起坐電梯下去吧！」顧偉傑笑了笑，露出他那一排潔白無瑕的牙齒。

　　連這樣都拒絕，未免顯得太拒人於千里之外了。莎莎識相的拾起手提包，顧偉傑「很自然的」走到了她的身邊。

　　只有兩個人的電梯裡，瀰漫著一股尷尬緊張的氣氛。

　　「唉！工作好累，真想放個假。」還是顧偉傑先開口打破沉默。

　　「嗯！我也這麼覺得。」只聽見莎莎禮貌、冷淡的回應了顧偉傑的話。

即使沒有好的開始，成功也是近在咫尺。

話匣子通常都是這麼打開的。

「妳有想去哪裡度假嗎？」

「哪裡都好，只要有陽光、有海灘就好。」

「我知道一個很不錯的地方……」

「啊！」莎莎打斷了他的話，顯然根本沒有興趣，「G樓到了，我先走了。」

顧偉傑哪裡肯這麼罷休，他一把抓住莎莎的手，極其誘惑的說：「不如我送妳回家，我們到我的車上再聊。」他沒有忘記露出那個迷人的笑容。

「謝謝你的好意。」莎莎也不是省油的燈，她不露痕跡的掙脫了他的手。「我想……我們還是改天再聊好了……」說完，她匆匆忙忙的走出了電梯，顧偉傑只能看著她曼妙的背影興嘆。

唉！革命尚未成功，同志仍須努力。

看來，他低估對手的實力了。

顧偉傑按著電梯，不讓電梯門關上。他注視著莎莎漸行漸遠的身影，天吶！她的裙子真短！

　　某樣東西吸引了他的眼光……顧偉傑看到莎莎走出了大樓，坐上了一台黑色的TOYOTA。那……不是總務部組長小張的車子嗎？

　　小張那個人，論能力，在公司裡待了十年，好不容易才爬到組長的位置。很多才剛出社會兩、三年的年輕人，都已經爬到比小張更高的位置。

　　論機智，小張那個人一向沉默寡言，大難臨頭時，只會狗嘴吐不出象牙，完全不可能說出什麼驚人之語。

　　論樣貌，不是他刻意抹黑情敵，而是小張根本就是其貌不揚。顧偉傑從來沒有想過，這樣的人居然會成為自己情場上的對手！前幾天……就是上個禮拜五，他還來向自己討教追女友的招數呢！

　　小張這個人簡直一無是處，唯一的好處，是勝在他為人還算老實。

　　如今，他連這項唯一的優點都沒有了。這種人，居然敢背著大家搞地下戀情！難道他不知道辦公室政治是很黑暗的嗎？若是讓人知道他搭上了莎莎這一等

一的大美女，從總經理特助到送貨小弟都絕對會想盡辦法置他於死地！

顧偉傑根本不能想像，這樣一個說話不經大腦，不會花言巧語的人，能夠帶給女人什麼樣的快樂。男人的嘴巴，不就是用在吃飯、微笑和騙女人的嗎？

啊！莎莎之所以跟他在一起，該不會只是同情他、可憐他吧！

想到這裡，顧偉傑突然感到釋懷了。小張比他高明的地方，只是因為他比較能夠贏得女人的同情心。

試問一個迷人的男人和一隻受傷的小狗同時出現在女人面前，女人會率先去擁抱哪一個呢？

莎莎沒有選擇他，完全只是因為婦人之仁作祟。

這尚在他可接受的範圍之內。

還有什麼好懷疑，還有什麼好忌妒的呢？明天，他要去找小張好好的談一談，傳授他幾招，為他們這段不受祝福的辦公室戀情護航。

顧偉傑自信的咧嘴一笑。他的招牌笑容依舊是那麼魅力十足、無人能擋。

13　「鼻」的發春

　　小時候，媽媽說，說謊的小孩鼻子會變長。如果這是真的，那麼吳宇青的鼻子應該比小木偶還要長了吧！

　　吳宇青並不是個生性喜歡說謊的人。只是，你知道的，如果同時交往的對象多達兩個以上，那個人是很難不說謊的。

　　吳宇青的男朋友不只一個，她有正牌男朋友叫做徐可堅，是她同系大四的學長。徐可堅外貌出眾、心地善良，什麼都好，就是為人沉悶了一點。兩個人交往兩年多以來，不管是逢年過節，或是幾歲生日，徐可堅送給她的千篇一律都是同樣的禮物：一顆珍珠。還沒拆開包裝紙，吳宇青就已經猜得出來了。

　　沒有驚喜，沒有情趣，徐可堅就是這樣的一個男人，這也難怪吳宇青要不安於室了。她的副牌男友，

是在餐廳打工認識的服務生，大家都叫他「強尼」。他們兩個人一樣年紀、一樣興趣，都不愛唸書、都喜歡「兄弟象」。和強尼在一起，你不會知道什麼叫做無聊、什麼叫做寂寞。

強尼是知道吳宇青有其他男朋友的，但是他不介意。

把話講明白了，就不算騙人了吧！吳宇青心裡這麼想。和強尼在一起，她有種在別的地方得不到的輕鬆自在，至少，她不用負責任，也不必害怕失去。

不像和徐可堅在一起的時候，她會覺得壓力沉重的幾乎要透不過氣。

徐可堅做人有目標，寧可花時間替她補習微積分，也不肯犧牲週末陪她逛台北一〇一。不過，也是因為這樣，才能讓經常翹課的吳宇青，成績仍然可以維持在中等以上。

徐可堅講求實際，不只一次跟她談過結婚這個問題。在他的觀念裡，結婚是終身大事，應該從五年前開始計畫。更別提生孩子了，母親的體質關乎孩子的

健康，如果決定要生孩子，徐可堅大概會命令她從懷孕前兩年開始調理身體。

拜託！她才剛滿二十歲耶！青春年華，幹嘛浪費時間在討論「喜酒擺幾桌」、「孩子生幾個」⋯⋯這些一點也不浪漫的事情上面。年輕，就要像和強尼在一起的時候一樣，盡情玩樂，瘋狂大喊，過每一天，都要過得像沒有明天。

強尼是個好情人，但吳宇青知道，徐可堅才是理想的丈夫人選。如果真要從中選一個，她想，她應該會選擇徐可堅吧！畢竟，他才是真正愛她的人。

女人嫁給一個愛自己比自己愛他多一點的人，總是比較幸福的。

只是，今年聖誕夜，吳宇青希望陪在她身邊的人是強尼。聖誕夜就應該熱熱鬧鬧的，徐可堅只會把派對的氣氛搞得像學術研討會。

為了安撫暫時被踢出局的徐可堅，吳宇青又說謊了。這已經是她不知道第幾次為了新歡而向舊愛說謊了。

　　她打算在吃耶誕大餐時藉機和徐可堅大吵一架，如此一來，她就有理由整個晚上不接聽電話、不理徐可堅，高高興興的和強尼出去狂歡到天明。

　　吳宇青摸了摸自己的鼻子。徐可堅這麼老實，應該不會發現才是。

　　自己的女朋友有別的男朋友。徐可堅其實一直都是知道的。

　　每次說謊，吳宇青總有下意識的摸摸自己的鼻子。徐可堅是個細心的人，這個細微的小動作，根本逃不過他的眼睛。

　　這個聖誕夜，原本他是想要向吳宇青求婚。他的家人過完年就要移民加拿大了，如果吳宇青肯答應嫁給他，他們兩人可以一起過去，到那邊再完成學業。

　　徐可堅拿著他準備的聖誕禮物，包裝盒裡頭裝著的是一顆珍珠。這是他送給吳宇青的第十二顆珍珠。每逢生日、情人節、聖誕節，他都會送給吳宇青同樣的一顆珍珠。他打算在她二十五歲生日的時候送她一

條項鍊，讓她把這些年來所收集的珍珠串成一條珍珠項鍊，這會是她青春歲月最美好的一個回憶。

只是，這個夢想恐怕不可能實現了。

徐可堅看著坐在對面的吳宇青，他點的是她最喜歡的烤雞大餐，然而她卻沒有一點高興的表情，只是一直頻頻看錶。類似這種情形，這已經不知道是第幾次發生了。

吳宇青才吃了幾口，就把整個盤子推到徐可堅的面前，要求他幫她吃完。

徐可堅剛剛吃了一客十二盎斯的牛排，哪裡吃得下。

吳宇青於是藉機大發脾氣。「連幫我吃塊雞都不肯，還敢說你有多愛我！」

生氣、掉頭就走、失蹤一整夜，直到隔天才又打電話向他懺悔。這樣的伎倆，徐可堅已經熟悉得不能再熟悉了。

他看著吳宇青快步離去的背影，感到一股熟悉的悲哀。

今夜，她將會躺在誰的懷裡呢？

徐可堅多麼希望自己也可以像吳宇青一樣，說走就走，說來就來，瀟灑得像一陣風。然而，他卻怎麼努力也無法做到。人往往比自己想像的還要固執，固執到連一段已經變質的感情都不捨得放手。

徐可堅摸摸自己的鼻子，他希望吳宇青也能像童話故事裡的小木偶一樣，漂泊四海，看盡繁華，最後才發現真正愛自己的人，其實一直在原地等她。

是的，他會一直都守候在這裡等她。

14 「舌」的發春

「告訴妳一個不是笑話的笑話。妳知道人類身體的哪一個器官和一種爬蟲類的頭部名稱一樣嗎？」

「呵⋯⋯」女孩低頭笑了笑，「你經常跟女孩子說這種低級的黃色笑話嗎？」

「根據妳說的這一句話，我們可以得知，妳已經犯了三個錯誤：第一、我已經告訴過妳這不是笑話；第二、人類包含了男人和女人；第三、烏龜並不是爬蟲類。正確的答案是：蛇頭。」他說完，俏皮的對著女孩伸長了自己的舌頭。

「很有趣的一個笑話」，女孩正色說：「不過，我很久以前就聽過了。」

「喔？是誰跟妳說的？」

「那是個很長、很長的故事，你真的想知道嗎？」

愛戀30
　　——發春的30個理由

　　那年春天，她才十六歲，是才升上高中什麼都不懂的無知小女生。戴著一副厚厚的眼鏡，生活裡除了讀書還是讀書，戀愛對她而言，是根本遙不可及的一件事，然而，天意弄人，事情就是這麼突如其來的發生了。

　　和大多數的小女生一樣，她也有個暗戀的對象。他是隔壁男校熱舞社的社長，有著高大挺拔的外型和一雙淺淺的酒窩，每當他站在舞台上表演，她總會跟無數的女生一樣，默默的站在台下為他傾倒，像個痴心的小 fans。

　　自從他出現在她的生命中，女孩的世界不再只有讀書、不再只有考試、不再只有功課，她也像其他情竇初開的女孩子一樣，對愛情世界充滿了粉紅色的憧憬。每天晚上，她總會對著上蒼祈禱，希望她愛慕的男孩，有一天也可以注意到她的存在。

　　「那她就應該勇敢表達自己的情意啊？她不說，有誰會知道？」

　　「但是你別忘了，我說過，那個小女生總是戴著一

副厚厚的眼睛，外表一點也不起眼，可是她愛慕的對象卻是個人見人愛的萬人迷，如果換作是你，你敢自不量力的上前去向他表白嗎？」

在女孩的心裡，只要能夠一直注視著這顆舞臺上亮眼的星星，就算一輩子和他不會有交集，她也已經心滿意足了。愛情對當時的她來說，還是個很抽象的東西，她一直以為，喜歡一個人、關心一個人，這就是愛情了。

或許是女孩的祈禱感動了上天，女孩終於和自己的夢中情人有了更進一步的接觸。一天，放學回家的途中，那名英俊的男孩居然主動邀請女孩去看電影。女孩驚訝的說不出話來，當然，她想都沒想就滿心歡喜的答應了。

那個男孩不只長得帥，腦筋也很好。他一連串說了好幾個笑話，逗得女孩的笑容從來沒有間斷過。

在漆黑的電影院裡，男孩奪走了女孩的初吻。他濕濕熱熱的舌頭放肆的探入女孩的口中，涉世不深的年輕女孩，只知道懵懵懂懂的配合。那是她生平的第

一個吻，也成了她一輩子都揮之不去的烙印。

　　女孩的頭昏了、天地動搖了、一切都變了。愛情對於一個人的衝擊，絕非局外人可以了解的。

　　我有了一個很帥很帥的男朋友！兩個小時下來，螢幕上電影演了些什麼，女孩全都記不清楚，她滿腦子想的，只有男孩熱情的擁吻，還有男孩濕濕黏黏的舌頭。她把他視為「男朋友」，拉著他的手臂，兩人親暱的走出了電影院。

　　午後的台北陽光燦爛，電影院外面，佇立著一群穿著和她「男朋友」同款式制服的男孩子。見到他們手拉著手走出來，那群同伴一哄而上，對著那名英俊的男孩又是搥胸、又是拍背，好像他剛剛完成了一件多麼艱難的重大任務。

　　「真有你的！連這種書呆子都給你把到了！」

　　「算了算了，下次不跟你打賭了，每次跟你賭都輸給你！」

　　模模糊糊中，女孩聽到了男孩和他同學的對話。真相是，她只是被人當成了賭注、被人當成了笑柄。

什麼愛情、什麼男朋友，原來都是假的！

　　女孩憤怒的離開了這一群人，男孩沒有挽留她，他看她的眼神，甚至還透露著些許嘲諷與洋洋得意。幾天以後，女孩在回家的路上又遇到了這名男孩，只是，他的身邊多了一個女生，一個又高、又瘦、又漂亮的女生。

　　女孩當下恨不得找個地洞鑽進去。

　　「可想而知，那個女孩心裡一定很難過囉！」

　　「豈止難過？她大病了一場，在醫院住了整整一個禮拜。出院以後的第一件事，就是拜託父母替她轉學，她再也不想見到那個男孩子了。」

　　「嗯！我想，如果我是她，我也會這麼做的……那後來呢？女孩真的沒有再見過那個男孩了嗎？」

　　有是有的，女孩大學畢業以後，進入了一家報社當記者。一次，她去採訪一家新開幕的咖啡廳，赫然發現咖啡廳的老闆正是當年的那名男孩。十年了，女孩早已不是當年那個懵懂無知的少女，她換上了隱形眼鏡，身上展現了成熟的風韻，追求她的人不計其

數。而男孩呢？他還是和當年一樣英俊，只是臉上多了一些風霜，笑容裡有了一些歷經滄桑的疲憊。

許多年沒見了，男孩還是和從前一樣油腔滑調。他請女孩坐下來喝杯咖啡，還講了那個不是笑話的笑話。憑著女性的直覺，女孩知道男孩心裡是想追求她的。她很高興，因為這一次，他是真心真意喜歡上她了。

然而，女孩並不打算和他重續前緣，因為她知道，得不到的那一個才是最好的。她很自私，她想要成為男孩心裡永遠的遺憾，這樣，男孩就永遠不能把她忘掉了。

「這麼說來，其實女孩還是很在乎這個男孩的。」

「在乎？當然在乎！有誰能這麼輕易就忘掉自己初吻的對象呢？對女孩來說，那是她這一生中最青春美好的時光啊！」

「我倒有個很好的提議，如果女孩可以跟那個做錯事的男孩一起再去看一場電影，說不定他們可以重溫舊夢，喚回往日那些美好時光也說不定呢！」

　　「你的提議倒是不錯。只是從那件事發生了以後，女孩就發誓再也不會走進電影院裡了。對男人來說，最難忘的，也許是遺憾。但你知道對女人來說最難忘的是什麼嗎？」

　　「是什麼？」

　　「是羞辱。」女孩定定的望著對面的男人，「謝謝你的咖啡和你的笑話。我的訪問結束了，我也該走了。」

　　不顧男人一臉驚訝的神色，女孩步伐堅定的走出了咖啡廳。

　　午後的台北陽光燦爛，生命，就該浪費在這些美好的事物上。

15 「髮」的發春

盧可音走進機場，一個人從後面拍了下她的肩膀。

盧可音回頭一看，「何偉明！你是何偉明！」

那名被喚做「何偉明」的男子笑了笑，「出國旅行啊？去哪裡？」

「不是出國旅行，是工作。」盧可音的語氣帶有幾分俏皮，「沒想到吧！我現在可是一個空姐了呢！」

「結婚了嗎？」

「等著你幫我介紹呢！記住，要替我找個像貝克漢一樣的男人！」

他們兩人開心的閒聊了一陣，直到機場的廣播傳來，他們才又回到現實。

「時間到了，我再不進去，就要被炒魷魚了。」盧可音說，眼裡有幾分不捨。

那樣的眼神，何偉明是再熟悉不過了。

「世界真小，我從來沒想過會在這裡遇到妳。」

「是啊！世界真小……」

盧可音回想起從前的那段歲月，何偉明是她大學的同班同學，打從第一眼看到他的時候，她就已經愛上他了。至少，她當時以為那就是愛情。

那個時候，何偉明有一個青梅竹馬的女朋友，他的女朋友和他們讀的不是同一個科系，時常在午休時間過來找何偉明一起吃飯。

那個女生留著一頭俏麗的短髮，臉蛋長得很清秀，站起來剛剛好碰到何偉明的肩膀，兩人可以說是天生一對。

那麼可愛的女生，自己怎麼可能會是她的對手呢？盧可音從來沒有想過要橫刀奪愛，介入他人的感情。

後來有一段日子，何偉明經常翹課，教授規定的報告沒交，期中考也考不及格，盧可音趁著午休時

間，教室裡只有他們兩個人的時候，坐到了何偉明身邊。

「你女朋友沒來找你吃飯？」

「我們分手了。」何偉明眼神茫然。

盧可音不知道她應該替何偉明難過還是應該替自己高興。

她大膽的把手伸過去，握住何偉明冰冷的手。

「其實，我一直都喜歡你。」她顫抖的表白。

何偉明看著她的眼神好空洞。他倒抽了一口氣，對她說：「可惜……妳不是她。」

「給我機會，我可以變成她。」她不死心，也不在乎羞恥心。

「變成她？怎麼變？你跟她根本不一樣。」

「我們都是女人，有什麼不一樣？」

「妳是長髮，她是短髮，這就是不一樣！」何偉明衝口而出。他只不過想找個藉口拒絕她的求愛而已。

然而，她卻當真了！

第二天，盧可音來上學時，班上同學不約而同發

出驚異的嘆息。盧可音原本那頭如瀑布似的長髮，如今變成了齊耳的俐落短髮。她在頭髮上夾著一個愛心形狀的髮夾，露出一大截雪白的頸子。

「盧可音，妳怎麼捨得？」同學們立刻議論紛紛，但是盧可音充耳不聞，她的眼神只停留在一個人身上。

只可惜，何偉明始終沒有轉過頭來看她。

放學的時候，盧可音找了何偉明一起走出校門。

她站在教室門口，嬌羞的微笑著。

「妳何必這麼做呢？」何偉明的語氣裡沒有一絲愉悅，甚至還帶著一點怒氣。

「我可以為了你變成你喜歡的樣子。」

「但是……妳並不是我喜歡的人。」

盧可音哭了，她沒想到何偉明會這麼誠實，連一點機會、一絲渺茫的希望都不留給她。

何偉明看見女孩子的眼淚，不禁有些心慌意亂。他想補救，卻不知道該怎麼補救。

「別哭了，妳還會再遇到更好的人的。」他補償似的說。

「但是我不會再為任何人做這種事了……」盧可音紅著眼睛，哽咽著。

那件事之後，何偉明轉學了。盧可音從此沒有再見過他。沒想到今天在機場，卻再度巧遇了學生時代的夢中情人。

這個時候的盧可音，已經留回了一把烏黑亮麗的長髮。她沒有說錯，她的確沒有再為任何人做過剪去頭髮這類的事。

何偉明其實並不討厭盧可音，只是那個時候的他，剛剛承受失戀的打擊，實在無力去負荷另一個女孩子的示愛。

在用殘酷的話語拒絕盧可音之後，何偉明心裡始終後悔不已。像盧可音這麼一個視秀髮為第二生命的女孩子，居然肯為自己剪去長髮。這是在往後歲月中，何偉明從來不曾再有的感動。

每當他看見髮夾，就會想起盧可音。

愛戀30
——「髮」的發春

　　沒想到今天在機場，竟然重遇了這個青澀歲月裡曾經被他無心傷害過的女人。

　　望著盧可音的背影，何偉明衝動的追問：「什麼時候回國？」

　　盧可音停下了腳步，「下個禮拜三。」

　　「我來機場接妳。」語氣中的渴望，連他自己都嚇了一跳。

　　星期三，何偉明準時在機場等候。

　　即使是在上百個人群中，盧可音還是一眼就認出了戴著紅色鴨舌帽的何偉明。他接過她的皮箱，把一包重重的禮物交給她，打開來，滿滿都是各式各樣的髮夾。

　　「妳要的男人，我已經替妳找到了。」何偉明一邊說一邊脫下了帽子，盧可音一看，忍不住笑了出來。

　　他居然為了她去理了一個貝克漢的髮型！

　　她終於可以確認，這就是愛情了。

16 「身」的發春

男人和女人交往的最終目的是什麼？不就是爲了女人的身體嗎？

劉季芸一向都是這麼認爲，一直到她認識了高致行，她根深蒂固的觀念才開始動搖。

和其他男人不一樣，高致行是個表裡一致的紳士。兩人交往三個多月以來，高致行除了牽她的手，偶爾親親她的臉頰之外，從來沒有對她做過什麼。

關於這一點，劉季芸原本是感到相當欣慰的，在江湖中闖蕩了這麼久，總算遇到一個人，是眞的愛她的靈魂，而不只是爲了欺騙她的身體。

但是，都已經三個多月了，再怎麼正人君子的男人，也該有一些行動，有一些進展了吧！

劉季芸的身材一向好的出名，但是高致行卻遲遲沒有對她採取行動，到底是爲了什麼原因呢？

劉季芸暗中觀察，發現自己對這種情況根本無能為力。這個社會畢竟還是男女有別，有些事情，非得要男人自己主動才行。

劉季芸仔細檢討了一番，發現他們約會的場合，不是在餐廳，就是在電影院，兩人曾相處過的最隱秘的地方，也不過是孤男寡女共處一車而已。都已經超過三十歲的人了，難道還硬拗著骨頭學年輕人玩車震不成？

「啊……」劉季芸終於恍然大悟。高致行沒有採取行動的原因，一定是因為一直沒有找到最適當的時機！

這就簡單多了！劉季芸到超級市場買了兩大袋食物，準備這個星期天，藉由煮菜的名義邀請高致行來家裡用餐。飽暖思淫慾，現成的人和現成的床都準備好了，還怕這個君子不變成禽獸嗎？

星期天一早，劉季芸特地開車去接高致行過來家裡。當車子駛到劉季芸家附近時，高致行臉上露出了不尋常的神色。

「怎麼了？」他的反應沒有逃過劉季芸的眼睛。

「我有位朋友，也住在這裡。」

「喔……」原來如此。劉季芸鬆了一口氣，「這裡環境好，是新店一帶最好的社區。」

開進地下停車場的時候，迎面駛來一架紅色的march。

高致行見到了那台車，突然一動也不動的注視著它，直到它消失在後照鏡可以照得到的範圍之外。

那台車的車主是誰，整棟大樓的住戶都知道。毫無疑問，她正是高致行嘴裡的那個「朋友」。

「你也認識楊小姐？」劉季芸故意裝出隨口問問的樣子。

「嗯。」高致行回答的很含糊。

劉季芸不願多想，楊小姐患有先天性小兒麻痺，終其一生都得坐在輪椅上。

一個正常的男人，怎麼可能會愛上這樣的女人？劉季芸輕輕甩了甩頭，嘲笑自己的杞人憂天。

午餐吃的是義大利麵。裡頭參雜的香草，是劉季

芸親手培植的。

然而，高致行卻顯得有些胃口不佳。整頓飯吃下來，他們倆幾乎沒有交談。

飯後，劉季芸拉著高致行到客廳看DVD。她親暱的半倚著靠在高致行的肩上，只要高致行眼睛稍微往下一瞥，就可以看見劉季芸敞開的襯衫內，兩座高聳的山峰呼之欲出。劉季芸原以為這會是個好的開始，沒想到高致行根本連看她一眼都不看，他的雙眼盯著電視螢幕，眼裡卻是一片若有所思的空洞。

影片播完了，高致行彬彬有禮的起身告辭。

劉季芸氣得一口氣乾了半瓶威士忌。她實在無法理解，一個男人怎麼可以對著懷中的尤物，卻一點都不為所動？

問題一定出在那個楊小姐身上。

憑著三分醉意，劉季芸氣呼呼的下樓去找那楊小姐理論。她倒要看看這個女人究竟有什麼本領，可以把男人迷得昏頭轉向，連送到懷裡的禮物都不要！

門鈴連續響了三聲，楊小姐坐著輪椅前來開門。

愛戀30
　　──發春的30個理由

　　見到門外的劉季芸，她沒有流露出一點驚訝的表情，彷彿早已預料到她會來。

　　「妳和高致行到底是什麼關係？」劉季芸開門見山的問。

　　坐著輪椅、矮人一截的楊小姐一點也沒有被劉季芸的氣勢嚇倒，她氣定神閒的回答：「我跟他都已經是過去的事了。沒有什麼好說的。」

　　「對妳來說，或許是過去了。但是對他來說，可還沒有過去！」劉季芸繼續咄咄逼人。

　　「不要這麼大驚小怪，致行本來就是個念舊的人。」楊小姐的語氣依舊不慍不惱，「既然他選擇了妳，就表示妳在他心中佔有相當的位置，妳應該信任他，也相信妳自己才對。」

　　出乎劉季芸的意料之外，她的情敵竟然反過來安慰她，撮合她和她的舊情人？

　　「妳知道，」楊小姐繼續說：「致行從那一場車禍以後，就不再願意和正常的女人接觸了。能夠看到他跟妳在一起，我覺得很高興。」

「車禍？什麼車禍？」

「啊⋯⋯原來妳還不知道⋯⋯」楊小姐驚覺自己的失言，慌忙的想要補救，「你以爲他當初爲什麼會和我在一起？他之所以跟我在一起七年，是因爲他有某方面跟我一樣，是個殘障啊！」

劉季芸聽了，有如五雷轟頂。高致行之所以遲遲不越雷池，原來是因爲這樣的原因⋯⋯

劉季芸失魂落魄的走回家中，沒有看到楊小姐在她離去以後，臉上浮現出來的詭異笑容。

想要永遠霸占一個男人的身體，首先，便得設法破壞他的愛情。

17 「網」的發春

　　桌上堆滿了報紙，但是雨潔對那些鬧得滿天風雨的八卦新聞沒有興趣。

　　誰愛上了誰？誰又搶了誰的男朋友？這都只不過是那些成不了氣候的明星在炒新聞。雨潔是從來不屑那一套的。

　　她不是不相信愛情，只是，她從來不相信現實世界裡的愛情。科技太發達、人心太善變，愛情裡所有美好的部分，都只是好萊塢電影裡的片段，何必浪費時間去癡人說夢呢？

　　可別因為這番老氣橫秋的說辭就認為雨潔一定是個七老八十還嫁不出去的老處女，相反的，雨潔芳齡十九，正值青春年華。今年夏天，雨潔就要成為大學新鮮人了呢！

　　十幾二十歲的少女，哪裡有不渴望戀愛的？雨潔

也不例外。只是，我剛說過了，她壓根兒不希罕現實生活裡頭的愛情。班上的男生都好幼稚，整間圖書館也找不到一個像樣的，雨潔深深相信，她的真命天子一定存在在另外一個世界——那個叫做「網路」的虛擬世界裡。

媽媽說，網路交友太危險，好幾次都威脅著要把她的電腦沒收。要不是雨潔再三保證，她和那些網友們只是純聊天，絕對不會約出去見面，那台寶貝電腦早就被搬進儲藏室了。

雖然好不容易保住了電腦，但是媽媽卻取消了ADSL，不准雨潔再上網。

幸好還有個叫做「網咖」的地方。

每天放學以後，雨潔仍有一小段自由的時間，可以偷偷來網咖上網，和網路另一頭的網友們繼續天南地北，無所不聊。

媽媽不知道，在網路上交朋友多好玩啊！就拿她最近交的幾個網友來說吧，二十三歲的A-John是成大電機系的高材生；二十五歲的安德森很會寫情詩；二

十一歲的小偉是個餐廳服務生，一隻手可以同時端五個盤子；二十七歲的阿龍很會彈吉他，聽說還是周杰倫的表哥的鄰居的拜把兄弟。

網路上各式各樣的人都有，雨潔時常幻想，這當中到底哪一個才是她命中注定的白馬王子？A-John學富五車、安德森才高八斗、小偉熱情洋溢、阿龍嘴巴甜得像蜂蜜……每個人都有不同的特點，雨潔真希望可以出現一個人，將他們各自的優點集於一身。

只是，這不太可能，對不對？連包羅萬象的網路世界都找不到的愛情，現實世界更是不用提了！雨潔從小到大所認識的男生，不是一身臭汗，就是愛挖鼻屎，不是說話結結巴巴，就是說起話來口沫橫飛，若是真要她和他們親嘴，雨潔很可能會當場嘔吐在對方身上。

網路裡頭就不一樣了，雨潔不只一次的幻想，和那些英俊的網友接吻會是什麼樣子呢？她一定得記得踮起腳尖才行！漫畫裡的女主角都是這麼做的。

少男少女的愛情就是這一點好，光憑想像，就已

經可以臉紅心跳，根本不需要用真槍實彈來試它一試。

走出網咖，已經是傍晚五點多了。天空不知道什麼時候開始飄起了毛毛細雨。

真糟糕！今早出門的時候居然忘了帶傘！本來想等雨停了再回家，但若是那麼做被媽媽發現的話，一定又免不了挨一頓罵！

唉，不管了！趁著雨還沒變大，趕快淋雨跑回家吧！

雨潔一邊拿著書包在頭上擋雨，一邊跑到了大馬路上。突然間，她感覺到頭上出現了一個陰影，天空的烏雲被一面黑布所取代。抬頭一看，原來是一名年輕男子在一旁替她撐傘。

那男子不僅相貌堂堂，而且……還有點眼熟……

「咦？妳不是鄭雨潔嗎？」那名男子說。

「是啊！」雨潔興奮的大喊，「你是林書佑，你是我的國中同學！」

天吶！那個毛頭小子什麼時候長得這麼高這麼帥

了呀!

　　雨潔頭一次發現,現實世界還是比網路虛擬世界要來得可愛多了。

18 「色」的發春

公牛一見到紅色，就會奮不顧身的撲上前去，至死方休。

這些天來，王勇志覺得自己眞是艷福不淺。隔壁新搬來了一個美女，每次值完班十一、二點回家的時候，他總會在電梯裡和她不期而遇。

她穿著一身火紅的衣服，長髮披肩，卻仍掩飾不住清秀的面容。第一次在電梯裡遇到她時，王勇志簡直不敢相信自己的好運氣，當他發現她要去的是和他同一個樓層的時候，他費了好大的勁兒才忍住沒有當場大笑出聲。

上天眞是太厚待他了，這麼一個紅衣尤物竟然就住在他家隔壁，日後他要是和她有了一些曖昧，只要騙老婆出門去倒垃圾，或是上街買報紙，就可以神不知鬼不覺、一晃眼的溜到隔壁。

讓情婦和妻子住在同一層樓，世界上最美妙的事莫過於此。

想歸想，王勇志可沒膽量真的這麼做。他是個執法人員，通姦是有罪的，他怎麼可以知法犯法？況且，那個紅衣女子貌美如花，追求者一定很多，怎麼可能會看上又老又醜的他？

就在王勇志心裡這麼盤算著的時候，電梯到達了七樓。那名紅衣女子先行走出了電梯。是錯覺嗎？她竟然回頭望了他一眼，對著他笑了一笑。紅衣女子繼續向前走，消失在左邊的轉角處。

而王勇志的家是在右邊。

回到家裡，王勇志的眼裡仍舊是那抹艷紅。他看著妻子樸素的衣著，第一次覺得這個婚姻是個錯誤。當初要不是不小心肚子裡有了小虎，他才不會選這麼一個樣貌平凡的女人當妻子呢！

「小虎呢？」

「喔，你忘啦！小虎學校夏令營，要到下個禮拜一才會回來。」妻子笑盈盈的說著，一面用抹布擦著手

從廚房裡走出來。她看著剛回家的老公，故作神秘的走上前摟住他的脖子，在他耳邊說：「小虎難得不在，晚上我有個驚喜要給你……」

那天晚上，妻子不曉得從哪裡弄來了一套情趣內衣，她穿著薄如蟬翼的胸罩，開始在丈夫的面前扭動了起來。有這樣一個知情達趣的糟糠，王勇志應該要覺得幸福。但是不曉得為什麼，他就是有些提不起勁，總覺得哪裡不太對勁……對了！是顏色！為什麼妻子穿的薄紗是黑色的，而不是紅色的呢？

王勇志閉上眼睛，盡情享受女人在自己身上施展的功夫。在迸發而出的那一剎那，王勇志想像騎在自己身上的是住在隔壁的那名紅衣女子……

日子開始有了不同的意義，回家搭電梯的時光成了他每天最期待的一刻。他總是用餘光偷偷打量紅衣女子的側臉，不知道是不是因為心理作用的關係，紅衣女子臨去前的回眸一笑也似乎顯得越來越燦爛、越來越蠱惑人心……

紅衣女子似乎律己甚嚴，每天只要回到家裡，就

再也不曾聽見門開關的聲音。她白天是什麼時候出門的，也沒有人知道。這一層樓除了王家的幾位親朋好友以外，從來不曾有過訪客。看來，紅衣女子不是會隨便帶男朋友回家過夜的那種女人。王勇志如是想著，對那名陌生女子的傾慕不知不覺又更深一層了。

星期一，王勇志休假，他特地起了個一大早，準備要去學校接小虎回家。

正要下樓的時候，電梯門開了，管理員帶著一對看起來像是夫妻的中年男女走出了電梯，他們的臉孔很陌生，王勇志之前從來就沒有見過。想必，是隔壁那位小姐的朋友吧！

「到隔壁找朋友啊？」為了打探紅衣女子的消息，王勇志冒失的多嘴一問。

「找什麼朋友？我是帶他們上來看房子的。」管理員回答。

「看房子？隔壁那位小姐要搬走啊？」王勇志完全無法掩飾內心的焦急。

「隔壁？隔壁哪有什麼小姐？這層樓除了你們一家

110

人以外，就沒有住人。隔壁那間房子，都已經空了好久了。」

　　王勇志的心一下子沉到了谷底，就連去接小虎，都是小虎隔著馬路大聲的喊「爸爸」，他才回過神來，察覺校車已經抵達校門口了。

　　那天下午，王勇志找了個藉口，向管理員調借社區電梯的監視錄影帶。

　　他獨自一個人看了好幾個小時的帶子，始終找不到那名紅衣女子的蹤影。黑白螢幕上，偌大的電梯裡只有他一個人。螢幕上的他眼神不斷的左右飄忽，不知道在打量些什麼。

　　不會的！不會的！王勇志不肯接受這個事實。那名紅衣女子明明是活生生的出現在自己眼前，她甚至還對自己笑呢！攝影機照不到她不代表她就是個鬼魂，說不定，她根本是個仙女。

　　那天晚上，王勇志做了一個夢，他夢到血，好多好多的血，地上、牆上、床單上滿是火紅的一片。王勇志倏然從睡夢中驚醒，隱隱約約聽到屋外的走道上

有聲音……是高跟鞋踏在地上的聲音。

高跟鞋？女人？王勇志飛快的撲到家門口，透過門上的貓眼向外看。

他看見紅衣女子從電梯的方向走過來，站在他家門外，透過門上的貓眼，定定的對著他笑。

像失了魂魄似的，王勇志不知不覺的拉開了鐵門，走出屋外。

公牛一見到紅色，就無法控制自己。

王勇志的屍體兩天後被管理員發現，他衣衫不整，用一條艷紅色的絲巾，將自己懸吊在家裡隔壁空房子的屋樑上。沒有人知道，這名前途無量的優秀警員為什麼會突然想不開；也沒有人知道，那條紅色絲巾到底是從哪裡來。法醫判定，死者生前曾在短時間內有過多次的性行為。

屋子中央紅色的大床上，佈滿了死者白色的精液。

19 「香」的發春

她習慣用Chanel No.5香水，這麼多年了，她還是沒有變。

許強生看著韓菲，感受一股熟悉的依戀從心底湧出。這些年來，歲月在她臉上並沒有留下多少痕跡，都已經三十好幾了，她看起來仍舊像個十幾二十歲的小女孩。

只是，她已經不是他當初認識的那個她，那個曾經死心踢地愛著自己的她了。

「你太太好嗎？」她的語氣很平和，好像在問一個跟自己完全不相干的人。

當年，她們曾經是最好的朋友，後來，卻變成了兩個爭得死去活來的情敵。

「我知道你真正愛的人是我。如果你覺得和林翠芬在一起會幸福，那你就去吧！」分手的時候，她是這

麼說的。

那麼堅強的語氣，那麼自信的表情，讓許強生覺得，其實她根本一點兒也不需要他，她只是想要打贏這場戰爭。

因此，他毅然決然的選擇了翠芬，那個凡事都依賴他、處處皆仰仗他的小女人。

韓菲身上的香氣瀰漫在整個室內，令許強生想起了從前那些美麗歡樂的時光。和韓菲在一起，你絕對不會錯過任何事，她開朗、活潑、愛玩，再平凡不過的事情到了她手上，都會變成樂趣無窮的一種甜蜜的折磨。

她的第一瓶Chanel No.5香水，是他出差的時候從機場買回來送給她的。

記得某一天晚上，韓菲看了一本愛情文藝小說，她爬到強生身上，央求他學小說裡的男主角，把香水灑在空中，再抱著她在空中旋轉，讓香氣沁入她的每一吋肌膚。

品嚐著香氣，抱著心愛的女人旋轉。好快樂。好

愛戀30
——「香」的發春

快樂。強生知道，再也不會有一個女人能夠帶給他這種快樂了。

但是，也沒有一個女人會帶給他這種不安全感。

「你一直沒有告訴我，當年，你為什麼選擇的是她，不是我？」韓菲說這句話的語氣像是在談論天氣。

許強生想起了分手前和韓菲的最後一次爭吵。當時他們兩人一言不合，韓菲拿起皮包便朝著門外走去。

許強生一時氣不過，對著她的背影嚷嚷：「要走妳就走吧！走了就不要回來了。」

韓菲一聽，果真停下了腳步。

她轉過身子開始往回走，來到許強生面前，揚起右手，突如其來的賞了許強生一耳光。「回不回來是我的事，輪不到你管。」她冷冷的丟下了這麼一句話，便頭也不回的走掉。

第二天，許強生撥了通電話想要向她道歉，卻發現韓菲已經出國到日本去玩了。

說到做到。從不食言是韓菲最大的優點，也是許強生最恐懼的地方。

就是韓菲出國的那段空檔，他漸漸和翠芬好了起來。那個時候，他已經厭倦了兩人之間那些劍拔弩張的爭吵了。翠芬生性文弱，說起話來有氣無力，認識她這麼久，她唯一講過的重話不過是「討厭！」這兩個字。連說氣話的時候都這麼溫柔可人，這就是他為什麼會選擇翠芬了吧！

「妳還是和他在一起嗎？」

「嗯。」韓菲回答，順手扶了一下戴在臉上的墨鏡。

「他還是經常打妳？」比起問句，這句話更像是一句陳述。

「不，已經好多了。」韓菲輕輕的笑了起來，許強生知道，她是在故作堅強。「只有偶爾他喝醉酒的時候，才會不小心打到我。」

可知所謂的「不小心打到」，造成的是多麼嚴重的傷痛。許強生記得某一天深夜，他突然接到韓菲的電

話。她在話筒那一端氣若游絲的說著：「救我……救救我……」許強生掛斷電話以後，連忙招來救護車緊急把她送到醫院。韓菲的左臉腫了一大片，胸部下方的兩根肋骨被打斷，肚子裡兩個月大的胎兒流產。醫生宣布：韓菲再也不能生育了。

那個肇事的男人清醒後趕到醫院，這才發覺事態嚴重。他在韓菲的病床前跪了一天一夜，直到韓菲甦醒。

許強生原本以為以韓菲的個性，一定馬上就會和這個男人一刀兩斷。然而，出乎他的意料之外，韓菲醒過來以後，只是溫柔的望著那個男人，眼眶含淚地說：「我們的孩子沒有了。你還願意跟我在一起嗎？」

那種脆弱的神情，是和自己在一起的時候，許強生從來沒有見過的。

她一定很愛那個男人吧！否則，怎麼可能為了他犧牲一切委屈求全呢？

「以你的條件，要找到比他好的男人多的是，為什麼不離開他？」許強生還是忍不住追問。如果當初他

沒有放棄她,她或許就不必忍受現在這樣的折磨了。

為什麼不離開他?韓菲沉默了。因為他跟你一樣,也送了我一瓶Chanel No.5香水。

這麼多年了,那種熟悉的感覺一直沒有變。

「強生,我很愛他,很愛很愛他……」就像當初我愛你一樣。韓菲淡淡的說著,語氣有些許黯然。然而,她隨即用瀟灑的笑容將那份惆悵抹去。「能和你坐在這裡聊天真好,我還以為,你可能永遠都不想再見到我了呢!」

「怎麼會呢?我們雖然分手了,可是我還是一樣關心妳啊!」

韓菲笑了笑,沒有回答。

聞著空中瀰漫的香氣,許強生忽然聞到了一絲哀傷。

20 「味」的發春

這真是氣死人了！蕭書瑜接過手上的喜帖，不敢相信自己的眼睛。

怎麼會這樣呢？她一直以為李永平的新娘應該是她啊！雖然他們實際相處沒有多久，但是彼此隔著海洋通信已經三年多了，李伯伯和李伯母都很喜歡她，甚至主動要求她去美國進修，順便給他們的兒子作伴。怎麼他回國才不到半年，一切情勢就扭轉了呢？

還記得他們剛開始通e-mail兩個月左右吧！她傳了一張自己的照片到美國。那時候，李永平就對她的樣貌感到驚為天人，直說要趁著暑假回台灣來看她。

「想不到妳除了外表長得漂亮，談吐還這麼有內涵啊！」她還記得他第一次見到她的時候，就是這麼說的。

可知那些「有內涵的談吐」是她努力多久才得來

的結果。李永平在美國讀的是醫科，將來肯定會是個醫生。為了稱職的扮演好醫生娘這個角色，蕭書瑜犧牲了無數個假日午後，泡在圖書館裡翻閱各類醫學典籍。

身為一名醫生的太太，她可不想連人體身上有哪些器官、哪些血管都搞不懂啊！

雖然蕭書瑜只是個銀行辦事員，但是她豐富的醫學知識卻連一個在醫院工作多年的護士都自嘆弗如。為了配得上李永平，她強迫自己閱讀原文書，努力消化最新一期的醫學期刊，這一切一切的努力，都只是為了要當上李永平的新娘。李永平不是也常誇她博學多聞、聰穎過人，簡直就是一座小圖書館嗎？然而，為什麼他最終的選擇卻不是她呢？

蕭書瑜仔細的檢查過去那些信件的內容。在兩年多的通信期間內，李永平總共在信裡寫了五次「我想念妳」，寫了六次「等我回來」，寫了三、四十次誇獎她的話，難道，這還不能證明他對她的情意嗎？

她還記得李永平拿到博士學位光榮歸國的那一

天，她和李家兩老一起去機場接機。李永平推著一車子的行李，卻仍空出左手捧著一束玫瑰花，小心翼翼的交到她手上。千里迢迢的從美國帶束花回來送給她，這不是愛情是什麼？

蕭書瑜幾乎可以肯定，他是曾經喜歡過她的。

那麼，他又是從什麼時候開始愛上別人的呢？

蕭書瑜惡狠狠的盯著喜帖上站在新郎身邊的那個名字，那原本應該是屬於她的位置。

「吳淑娟」！連名字都和本尊一樣「俗又有力」！那個連國內大學都考不上的無知女子，憑什麼可以當醫生的太太啊？

要怪就怪自己，還不都是那一次。蕭書瑜和李永平約好了要去世貿看展覽，一大早，她就匆匆忙忙的趕去美容院做頭髮，豈知李永平提早到了，在她家門口接不到她，只好繞過來家裡附近的美容院等她。

「哇！妳男朋友是個醫生啊！」替她吹頭髮的小妹誇張的驚嘆著，眼神裡充滿了莫名的崇拜。

哼！小女生，看起來還不滿二十歲，難怪沒見過

什麼世面。

「李醫生回來台灣以後，有去吃過哪些美味的台灣小吃嗎？」

那一刻，蕭書瑜真替她感到羞愧，一開口就提這麼沒水準的問題，活該一輩子只能當個洗頭小妹。

「喔，我是外省人，所以比較喜歡吃一些家常菜。」

李永平還真是個好人，為了顧全女孩的面子，他微笑著回答了她的蠢問題。

「喔！那真是太巧了！你別看我是做頭髮的，其實我很會燒菜喔！什麼糖醋排骨、辣子雞丁、梅干扣肉……，這些全都是我的拿手菜。」話匣子一開，那個洗頭小妹竟然滔滔不絕的說了起來：「這樣吧！哪天我做菜的時候，再請你和鍾小姐一起來吃。我很喜歡做菜，可是我一個人住，每次做菜老是吃不完。」

那女孩真是三八！「做菜」兩個字從她嘴裡講出來，聽起來像「做愛」。蕭書瑜暗暗發誓，下次絕對不來這家美容院了！

　　現在回想起來，那個時候，李永平的眼睛裡好像透露了一絲興趣。

　　那天中午，他們兩人在華納威秀吃飯的時候，李永平還隨意提了一下：「妳會做菜嗎？」蕭書瑜搖搖頭，她的手是用來按鍵盤、彈鋼琴、數鈔票的，可不是拿來沾粘那些油鹽醬醋的呢！即使她會做菜，她也不會承認，她才不想把自己和那些黃臉婆混爲一談！

　　沒想到李永平竟然就這麼背著她，和那個洗頭小妹勾搭上了！

　　原來，李永平眞正喜歡的，就是那些早上到市場買菜、整天待在家裡帶小孩的黃臉婆！

　　這次再見到李永平，他比從前胖多了，臉上也比較有了光澤。他喜孜孜的從懷裡掏出一張燙金的喜帖，遞到蕭書瑜手上。「請妳那天務必要早點到，這些年來，妳是我在台灣最好的朋友。」

　　這些年來？他也知道她在他身上耗費的不只是一年半載，而是「這些年來」？

　　只是，她還能說些什麼呢？說了，只會降低她的

格調，破壞她在李永平心目中的形象。

不知道過了多久，蕭書瑜聽見自己的聲音鎮定而含糊的說著：「恭喜你啊！我……我一定會去的。」

她費了好大的勁兒，才強迫自己不要在他的面前掉下眼淚。

李永平走後，她獨自一人失魂落魄的走回家裡，走進廚房。四十分鐘以後，她從廚房裡端出了一道香氣四溢的糖醋排骨。

蕭書瑜望了望窗外，天色已經暗了，一切都晚了。唉！用心計較，竟還是晚了。

21 「聲」的發春

夏曉曉的聲音是當今台灣最紅的一把聲音。

她的樣貌清秀可人，嗓音清脆嘹亮，甫一出道，便吸引了各方媒體的注意，甚至有人預言，這個十七、八歲的小女生，將會是台灣歌壇新一代的天后。

夏曉曉確實有著與生俱來、宛如天籟的好嗓音，無論是快歌慢歌、新人寫的歌、老將寫的歌，只要到了夏曉曉手上，都可以變成是天使在唱歌。唱片公司視她為一塊瑰寶，出出入入隨時隨地皆有工作人員無微不至的照料著、關心著，並且監視著。

夏曉曉也知道，走入了這一行，意味著自己沒有談戀愛的權利。況且，她是個公眾人物，即使真的遇見了白馬王子，她也只能遠遠的、笑笑的和他揮手。只是，情竇初開的夏曉曉，渴望一段刻骨銘心的戀愛已經很久很久了，每當她唱著那些醉人的情歌，她依

然忍不住想像著、臆測著，談戀愛究竟是什麼樣的滋味？

　　每天收工之後，閱讀一封封歌迷寫給她的信，是她一天中最愉悅的時光。信上吐露著字字句句的仰慕、迷戀、支持……，總可以給她一種被愛著的感覺。

　　在這些如雪花般飛來的信件之中，夏曉曉最期待收到的，就是孟威的信了。

　　和其他人不一樣，孟威的信裡寫的不是千篇一律「我愛妳」、「做夢都想見到妳」……的華麗辭藻，他的字裡行間沒有風花雪月的激情，有的只是對她歌聲的激賞與見解。孟威總在信裡寫下對她每一場演出的評價，哪一句歌詞尾音可以收得更溫柔一點、哪一段旋律情緒應該表現得更激昂一點……，一點一滴的評論，就連唱片製作人也沒有他這麼仔細、這麼用心。

　　每封信的最後，孟威總不忘寫上一句，「希望能看到妳變得更好。」對夏曉曉來說，孟威像是個良師，也像個益友。只有他，是真真實實的關心自己、

支持自己，不若其他的歌迷，只是盲目的崇拜著被唱片公司包裝出來的夏曉曉。

孟威的信從來不曾留下回信地址，因此，夏曉曉即使想回信給他，也只能相思無從寄。儘管如此，彷彿宿命安排似的，這兩個靈魂相交的知己還是在茫茫人海中遇上了。

那場簽名會在華納威秀廣場前舉行，當天來的歌迷人數眾多，把整個廣場擠得水洩不通。雖然簽名會的時間已經超過了，但夏曉曉仍然堅持著要把全部歌迷都簽完，她不想辜負歌迷長久以來的支持以及辛苦一天的等候。好不容易見到隊伍中最後一個歌迷的時候，夏曉曉的右手已經酸痛得沒有知覺了。她撐著擠出笑容，和那位戴著鴨舌帽的歌迷握手，歌迷很恭敬的拿出CD封套請夏曉曉簽名，當她把簽好的CD交還給他的時候，她聽見低沉渾厚的嗓音說著：「希望能看到妳變得更好。」

像被閃電擊中似的，夏曉曉的心猛然悸動了一下。「是你？你就是那個經常寫信給我的孟威，對

吧？」

那名男子笑了笑，沒有點頭，也沒有否認。

他從口袋裡掏出一張名片，趁著工作人員不注意的時候遞到夏曉曉的手上，匆匆忙忙的丟下一句「打電話給我！」然後就轉身離去。

夏曉曉望著他的背影，幾乎捨不得移開視線。

簽名會結束之後，已經是傍晚了。夏曉曉推說自己身體不舒服，吵著要趕快回家休息。

因為工作的關係，夏曉曉在唱片公司附近租了一間小套房，平常都是由工作人員送她進門，隔天早上再來叫她起床。入行這麼久以來，還不到半夜就能夠進家門，這還是第一次呢！

找了個理由打發工作人員走後，夏曉曉興沖沖的掏出懷裡的名片，按下名片上的那十位數字的手機號碼。

戀愛的感覺好奇妙，夏曉曉覺得自己簡直連呼吸都染上了顏色，眼裡所見、耳中所聽，都快要變成粉紅色的了呢！

愛戀30
——「聲」的發春

　　她和孟威相約在公寓附近一家人煙稀少的餐廳吃飯。

　　隔著一張桌子，她得以仔仔細細的觀察孟威的容貌。孟威長得不醜，但也稱不上帥，他穿著乾淨的白襯衫和牛仔褲，很容易給人一種老實可靠的印象。

　　一頓飯吃下來，他們聊音樂，也談夢想。夏曉曉第一次發現，自己竟然可以如此輕鬆自在的在異性面前談論自己的過去、家庭、未來……。對於孟威，她有一種相遇恨晚的感覺。這一切都是緣分吧！兩個人如果無緣，就不會見面；如果無緣，就不會在一見面時就有這麼強烈的感覺。夏曉曉幾乎要認定，孟威就是自己今生註定的白馬王子了。

　　晚餐後，孟威要求要上樓去參觀夏曉曉的住處。「滿足一下我這個歌迷的好奇心嘛！」

　　上樓也好，外面到處都是狗仔隊，什麼地方都不及家裡來得安全。況且，夏曉曉是真心希望可以和孟威單獨相處一會兒的。下一次見面不知道會是什麼時候，她的美夢才剛剛萌芽，她可不想這麼難得的夜晚

就這樣匆匆畫下句點了啊！

幾杯啤酒喝下來，夏曉曉感到有點微醺。孟威在酒精的作用之下，也開始大膽放肆了起來。他的手有意無意的放在夏曉曉的大腿上，無論夏曉曉如何羞怯扭捏的挪開他的手，他總是有本事讓他的雙手回到原來的位置。

「不……不要這樣……」夏曉曉支支吾吾的說著，其實，她自己也不清楚她究竟想要怎樣，「我不是你以為的那種女人……」

「那妳是哪一種女人？」話才剛說完，孟威的嘴已經準確無誤的覆蓋住夏曉曉的雙唇，他熱情的吻著她，不知不覺，手指已經成功的鑽進了夏曉曉的裙下……

原來，這就是愛情啊！

躺在心愛的男人懷裡，夏曉曉甜甜的笑著。從今爾後，她終於有了自己的一個小秘密，她不再是個孤孤單單的小女孩，而是一個沉醉在愛裡、被愛的女人。

愛戀30
——「聲」的發春

　　午夜十二點，夏曉曉被床邊一陣窸窣的聲音驚醒，她下意識的把手往旁邊伸去，卻發現孟威已經不見了。

　　夏曉曉猛然睜開眼睛，看見孟威站在床邊，正努力的把白襯衫紮進自己的牛仔褲裡。

　　「這麼晚了，你要去哪裡？」她問。

　　「我得回家了。」

　　「不能留在這裡過夜嗎？我想要你陪我。」夏曉曉像個小女孩似的撒嬌。

　　孟威臉上浮現了一個詭異的笑容，用平靜的語氣說：「我老婆在家裡等我。」

　　老……老婆？夏曉曉從來沒有想過這個可能。童話故事裡的白馬王子，是根本不可能有家室的。

　　「那你為什麼還要跟我上床？」咬緊牙關，非得要咬緊牙關，夏曉曉才能掙扎著說出這一句話來。

　　「我想看看妳在床上的叫聲，會不會像妳唱歌的時候一樣好聽……」孟威終於露出了本性，他的兩隻眼睛像獵人對付垂死動物一樣的盯著夏曉曉看，眼神裡

沒有一絲同情，甚至沒有一分感情，有的只是勝利的
虛榮與快感。「而且，我想要證明一下，妳到底是不
是我以為的那種女人。」

夏曉曉羞愧的無地自容。原來她自以為是的愛
情，只是獵人眼中微不足道的一場遊戲。

接下來幾個月，不利於夏曉曉的緋聞從四面八方
傳來。有人說夏曉曉表面清純，實則荒淫無道，也有
傳媒證據歷歷的指稱，看到夏曉曉和不同的男人進出
夜店，甚至到五星級飯店過夜。

這些緋聞對夏曉曉來說無關痛癢，媒體越是炒
作，她的知名度就越高。

夏曉曉儼然不只是新一代的「少男殺手」，更是新
出爐的「緋聞天后」。她在歌壇的聲勢如日中天，再具
殺傷力的醜聞都損害不了她的地位。因為夏曉曉的歌
聲實在好聽，甚至可以說是越來越好聽。

歌壇有人將她評為「天才型的歌手」，還不到二十
歲的年齡，這個女孩竟然可以把那些悲傷的情歌詮釋
得絲絲入扣、楚楚動人。她的聲音比起從前，更增添

了一分韻味、一分滄桑的美感。

面對這些評價與讚美，夏曉曉一點兒也高興不起來。

沒有人知道，也沒有人能夠體會，這是她付出多少代價才能換來的。

記者會上，某位記者問她接下來對歌唱事業有什麼計畫。夏曉曉只笑了笑，輕聲回答了一句，「我希望我自己可以變得更好。」

22　「聞」的發春

　　走進這家店的客人，背後總有滿滿的傷心的故事。

　　湘芹看了看櫃檯上的預約簿，今天預約的一共有三組客人。

　　第一位走進店裡的是一位胖胖的婦人。她長得像一隻皮肉鬆弛的哈巴狗，不過心地卻很好。成為湘芹的客人已經有兩年的時間了，每逢過年過節，她總不忘多給湘芹一些小費，平常來到這裡，她也都會對每個人噓寒問暖，實在是個不可多得的好女人，然而，老天卻似乎不怎麼厚待她。

　　湘芹為客人脫下浴袍、蓋上毛巾。她做這一行已經三年了，與其說她是個芳療師，不如說她是個心理諮商師。來到這裡的客人，雖然的確是為了聞香而來，但有絕大多數的客人來此，更是為了要找一個可

以說說話的人。

今天，她為胖太太調製的是尤加利樹精油，長期肥胖的關係，使得胖太太的氣管不好，胸口也常有悶痛的現象。尤加利精油溫潤沁涼，可以有效的舒緩這些症狀。

湘芹的一雙手緩緩的在客人身上游移，一面溫和的和客人聊著天。

「您先生還是沒有回來嗎？」

「哼！有那個狐狸精在那裡，他哪裡捨得回來？」

胖太太的先生是個長年在大陸的台商，從很多年前就在對岸包了二奶。聽說，二奶生的兒子都已經上小學了，那個男人乾脆拋棄台灣的元配，定居到大陸去，一年半載才回來一天兩天，匆匆忙忙的交代一些事情、和太太吵了一些架，又趕忙回到二奶身邊去了。

胖太太的家族昌盛，個個都是有頭有臉的人物，這些關起門來的委屈她掩飾都來不及了，又怎麼能隨便向人訴苦呢？因此，湘芹成了她唯一可以傾訴的對

象，這也是她每個禮拜準時到這裡報到最大的原因。

送走了胖太太，今天第二個到店裡來的客人是一位年過四十，身材仍保持健美窈窕的小姐。

她是公司裡的高級主管，平時工作壓力很大，因此三不五十就來找湘芹按摩紓壓。

湘芹替她調配了一些佛手柑精油，輕輕的塗抹在客人的背上。湘芹的手很巧，客人常誇她的手是一雙魔術師的手，壓在人的身上，幾乎感覺不到指尖和手掌的部位，只會覺得有一股溫熱的力量，從身體外側推向身體裡面，也順勢把積鬱已久的煩惱通通都一併帶了出來，拋到九霄雲外去了。

這位單身女子抱怨的是公司人事的內部鬥爭。這個年代啊！女人在商場上奮鬥一點也不輕鬆，你表現得太好，別人會想盡辦法壓你，你表現得不夠好，別人又會趁機踩你，怎麼做都不對，怎麼做都不好。

「那您有沒有想過結婚生子，辭掉工作，找個男人來依靠呢？」

「靠！男人要是靠得住才有鬼呢！我以前年幼無知

的時候，以為跟上司上床就可以保證升職加薪，前途一片光明。誰曉得他利用完我之後，就一腳踢開我，我還不是得靠著自己，才能夠一步一步往上爬！」

這位小姐聽起來似乎有些憤世嫉俗，湘芹特別在配方裡加了一點玫瑰精油，希望可以放鬆她的情緒。

才一個下午，就做了兩個客人。第三個客人，要等到晚上八點才會來。做這個行業，有大部分的時間都是在等待，等待客人上門，等待客人離去。

有時候，湘芹還真喜歡這種等待的感覺。只要還可以等，就表示一切仍有希望。

第三個客人是一個新婚不久的小姐。她結婚之前每天都打扮得一絲不苟，結了婚以後，卻經常只穿了拖鞋、牛仔褲就上街。

找到長期飯票的女人，畢竟是可以放肆一點的。

這個女人一見到湘芹，便馬上哭了出來。「我的好朋友看見我老公和一個小女生走在一起，我該怎麼辦？」

湘芹費了好大的勁兒，才勸服她先不要急著哭。

「妳別胡思亂想，只不過和女生走在一起而已，並不代表他們之間有什麼。」

湘芹調製了一點檸檬精油，塗抹在客人的胸前。「我幫妳調製的是檸檬精油，可以讓人看起來更容光煥發。這樣吧！妳做完以後，再去逛街買幾套新衣服，把自己打扮得漂漂亮亮的，妳老公看了，一定會更加愛妳。」

湘芹的話語有一股神奇的力量，客人在聽了她的話之後，居然安靜的放鬆了下來，任憑湘芹的手，替她把所有不愉快的事推出身體外，推出心房外。

做這個行業，接觸到的十有八九都是悲傷的故事。很多同行都因為心理壓力過大而紛紛辭職了，但是湘芹卻一點兒也不介意。這些各式各樣的人間慘劇提醒了她，自己並不是世界上唯一一個不幸的人。悲傷，不過是每個人的人生必經的一個過程。

送走了最後一個客人，夜已經深了。

湘芹為自己調製了一些薰衣草精油，放入溫熱的水裡準備泡澡。

薰衣草是文修最喜歡的味道，每一次她用薰衣草精油替文修按摩時，他總會貪婪的呼吸著，吸取她和她手上薰衣草的香氣。他說，「不管在哪裡，只要聞到薰衣草的味道，我就會想起妳。」

她相信，文修是不可能會忘掉她的，正如同她也從來沒有一刻忘記過他一樣。

文修出事的那時候，她也是帶著薰衣草精油去到斂房，替文修塗抹全身……。

那已經是很久以前的事了，湘芹不願再想。薰衣草的味道或許代表寧靜，但是對她來說，卻是永恆的思念。

23　「觸」的發春

不知道從什麼時候開始，成雪齡愛上了絲綢床單的觸感。

躺在又軟又滑的絲綢上面，全身肌膚與上好綢緞零距離的接觸，這就是她全部的快樂了！成雪齡心想。

她是個獨立自主的新新女性，擁有一家自己經營的服裝店。裡頭販賣的衣服，大多都以絲綢布料為主。綢緞晶瑩剔透的光澤、輕薄柔滑得像是第二層肌膚，還有什麼是比絲綢更懂女人心的呢？

成雪齡的套房就在這家服裝店的後面，兩棟房子僅以一牆相隔。

當初在頂下這間服裝店的時候，成雪齡就找來裝潢工人把那面牆壁打通，在兩間房子中間造出一扇門。只要走出那扇門，就來到了店裡。夜裡關上了櫥

窗的燈，她也只需走進那扇門後，就回到了自己的小
窩。

這麼精巧的設計不只成雪齡一個人知道，所有曾
經到過她床上過夜的男人也都知道。

業界流傳著一個說法，千萬不要讓自己的男人到
成雪齡的店裡買衣服，因為她不但推銷衣服，同時也
會推銷自己。

事實擺在眼前，成雪齡好幾任入幕之賓，都曾經
是她的客戶，到她的店裡來買衣服送給女朋友，兩人
聊著聊著，就聊到了門後面的小房間。衣服是買下來
了，但是沒過幾天又回到了成雪齡手上。男人說，他
決定和女朋友分手，因為他實在無法忘記，成雪齡躺
在絲綢床單上面誘人的模樣。

對於這些男人的愛慕，成雪齡只有一笑置之。她
太清楚自己要的是什麼了！

回頭來找她的男人，從來都只有空手而回。成雪
齡想要的只是一夜的關係，她並不想要一段束縛的感
情。

　　一直到她遇到徐偉明，成雪齡才有了固定的交往對象。

　　和其他男人不一樣，徐偉明從來不會要求她做他的女朋友，也不會干涉她的私生活。

　　徐偉明也曾經是她的客人，但是和其他男人不一樣，他進到她的店裡，不是替女朋友買衣服的。他只是看到成雪齡店裡的衣服大多都是絲綢布料，想要順道詢問成雪齡有沒有賣絲綢的床具。他說，他已經找這樣東西找了很久了。

　　英雄所見略同，成雪齡於是帶他參觀了她房間裡擺設的絲綢床罩，當天晚上，他們倆人一同赤身裸體躺在絲綢床單上過了一夜。

　　從那天起，徐偉明成了她固定的常客。他光顧她的店，也光顧她的身體。

　　他來的時候不會提前通知，走的時候也無聲無息。徐偉明總在店打烊了之後才來，抱著她睡一夜，隔天早上天一亮就走。

　　撫摸著男人猶如絲綢般觸感的胸膛，成雪齡總是

能安心的睡個好覺。

徐偉明從來沒有向她表示過什麼，也從不曾要求過她什麼。這樣的關係讓成雪齡感到很放心。至少，她不用為了這個男人放棄些什麼。

他應該也是一個玩得起的男人，像他這種條件的男人，身邊的女人一定多不勝數，自己也不過是他的幾分之幾而已吧！平常沒有來找她的時候，徐偉明都是一個人睡嗎？

成雪齡發現自己的身心越來越不受控制，她常常在上班的時候想起徐偉明。一個人躺在床上時，她腦中浮現的情景，也都是徐偉明的影子。這個男人在不知不覺中對她的影響越來越大，令她無時無刻不想著他。這是在遊戲開始的時候，成雪齡所始料未及的。

如果兩個人能夠一直這樣下去，那該有多好。

這天晚上，徐偉明又摸黑來到她的身邊。絲綢床單好柔好軟，細細的包裹住了兩人的身體。

和平常不同，這個夜晚月光迷濛，空氣中有著一絲感傷的氣氛。

徐偉明躺在她身邊，輕輕的摟著她的腰，像是考慮了很久，她聽到他說：「嫁給我，好嗎？」

成雪齡重重的閉上了眼睛。

所有故事的結局都只有兩種，不是結合，就是分離，不會有第三種。只是結合了之後，終究還是要分離。那是成雪齡不想經歷也不想冒險的痛苦。

她太知道自己要的是什麼了！為了自由，她寧可連愛情都放棄。

望著徐偉明的背影，成雪齡知道自己再也不會見到他了。這是她第一次也是最後一次目送他離去。

回到一個人的房間裡，成雪齡拆下了床上的絲綢床單，換上了透氣的棉質布料。

絲綢柔滑的觸感固然令人迷醉，但是可以舒服自在的呼吸，那才是她真正想要的感覺。

24　「衣」的發春

　　一開始，他們的婚姻備受祝福。丈夫是外商公司的高級主管，太太是一家知名畫廊的售貨員，夫妻倆郎才女貌，好不登對。

　　只是，結婚三年以後，他們的感情逐漸產生了變化。他在床上越來越沒有耐心，經常是褲子一脫，裙子一掀，就翻到她身上橫衝直撞。

　　她厭惡極了這種感覺。每當和他做愛的時候，她只得緊緊的閉上眼睛，想著自己明天上班要穿什麼，或是狠狠的盯著衣櫃，想像那裡頭有多少自己珍藏的錦衣華服……

　　只有美麗的衣服，才能帶給她快樂。隨著丈夫夜裡越來越敷衍的表現，她越來越領悟到了這一點。

　　事情就是從那個時候開始的。

　　一開始，她只是背著丈夫做一些小動作。例如，

把買菜的錢花在自己的衣服上，三餐只吃最便宜的豆芽菜和紅蘿蔔。謊報公帳，把每個月的水電費多報一些，其中的差額則拿去買了一條最新流行的粉紅色絲巾。

漸漸的，那些平價的衣服不再能滿足她了。她作夢都會夢到那些LV的皮包、Burberry的洋裝、GUCCI的高跟鞋……，無論她怎麼努力，她都不能從和老公的做愛中得到一絲快感，非得要看著那些名牌衣服的型錄，才能在做愛時打從心底發出一些愉悅的呻吟。

一個月四萬二的薪水已經不能滿足她的強烈的購物慾，她得再想想別的辦法才行。

她把這個月要繳房貸的兩萬多塊扣了下來，又用丈夫的名義辦了幾張金卡。

這真是太好了！現在，她擁有了兩雙名牌鞋子、一個夢寐以求的Chanel小羊皮背包、一件價值十五萬、綴滿珍珠的白色禮服。

第一次，她感到他們的婚姻充滿了新生的活力。她和他，依然是舉世無雙、最匹配的一對。

只是，當她擁有了整衣櫃的名牌衣服，她又開始
感到不滿足了。

珠寶！一定是珠寶！再美麗的衣服，也要有耀眼
的寶石來襯托才行。

她又積欠了幾個月的房貸，換來了一條上百萬的
鑽石項鍊。

「這項鍊做得真好，假鑽石也可以做得這麼閃閃發
光，老婆，妳真是有眼光！」她的丈夫見了那條項
鍊，完全沒有起一點疑心。

天助我也，明天，她還打算去買一條卡地亞鑽
錶。

然而，一切並沒有她想像的那麼順利。

一開始，銀行只是來了幾通電話，通知她王令剛
先生的卡已經刷爆，卡費也已經逾期未繳。

「啊！真的嗎？不可能。我上個禮拜就已經繳了，
你要不要再查清楚一點？」

幸虧她夠機靈，三言兩語的就呼嚨過去。電話那
一頭銀行行員連聲道歉，再三解釋電腦系統沒有記

錄，自己只是照章行事。

緊接著，房子的貸款也出了問題。

法院通知單上白紙黑字清清楚楚的寫著「逾期查封」這四個大字。

這些，她當然沒能給丈夫知道。

越是煩惱，越是不快樂，她就越要買新衣服來發洩。

舊的衣櫃已經不夠放那些新買的衣服了，她上家具行訂了一個足足整面牆大、從法國運來台灣的紅木衣櫃。

頂級的衣服，就要裝在最頂級的衣櫥裡。

銀行來的電話越來越頻繁，她不去理會，偷偷的取消了丈夫的手機，讓他以為手機壞了，總好過被銀行找到。

戰戰兢兢的日子就這麼撐了好幾天。終於，她想出了一個辦法。

趁著天氣晴朗、萬里無雲的一天中午，她打了通電話到丈夫的辦公室。

才剛接通，她便「嗚」的一聲哭了出來，「我們在銀行一百多萬的存款，全部被人盜領了！你的信用卡……也被人盜刷了……我跟銀行說我們根本沒有辦卡，他們不相信！那些銀行通通沒良心啦……說沒有證據，一毛錢也不肯賠償……我們……我們現在什麼都沒有了！」

這類事件前幾天的新聞才剛報過，她那豬頭丈夫應該不會不相信吧！

二十分鐘之後，她的丈夫匆匆忙忙的開車來公司接她回家。站在家門外，看著門口法院查封的封條，丈夫臉上堆滿了難以置信的表情。

她從來沒看過一個大男人如此沮喪的蹲在地上嚎啕大哭。

「怎……怎麼會這樣呢？」她也適時的表現出一副泫然欲泣的表情，彎下身去，溫柔的將男人擁入懷裡。生平第一次她感覺到，有某種不知名的東西正塞滿了她空虛的靈魂。她好不容易，終於領悟到了什麼叫做「滿足」。

25　「食」的發春

　　從安親班接小兒子回來，已經是晚上七點了。

　　洗米、煮飯……這些例行作業王心蘭早就做膩
了。丈夫一動也不動的躺在沙發上看電視，更是令她
感到不悅。不過是一場足球賽而已，贏了分不到半點
好處，輸了也不會少塊肉，有必要看得這麼入迷嗎？

　　王心蘭覺得自己像這個家的女傭，多過於像這個
家的女主人。

　　心不在焉的炒了幾盤菜，王心蘭更是覺得自己委
屈到了幾點。

　　「媽媽，這道菜好鹹喔！」飯桌上，大兒子皺起眉
頭，不知好歹的批評起媽媽的手藝。

　　「煮給你們吃就已經不錯了！還嫌？不想吃就不要
吃！」不知道是從哪兒冒起的無名火，王心蘭狠狠的
發了一頓脾氣，藉機把一整個晚上的不滿全都發在小

孩子身上。

「怎麼啦？怎麼啦？吃頓飯也能吵成這個樣子！」客廳沙發上的那個男人聽了，總算有了一點反應。不過，他只是三言兩語的帶過，注意力隨即又轉回了他的足球賽上。

王心蘭感到心力交瘁，要是丈夫對她的關心有對足球賽的一半就好了。

數數日子，小兒子都已經快要滿七歲了。這也就表示，他們已經有七年沒有做愛了。

是什麼原因，使得她的丈夫根本不想碰她呢？王心蘭可以肯定，她的丈夫在外面沒有其他的女人。算一算，他也已經是個半百老人了，難道他已經⋯⋯

利用早上買菜的時間，王心蘭來到了藥房。

「醫師，我想要買⋯⋯買那個很有名、男人吃的藥。」趁著四下無人，王心蘭在櫃檯前小聲的說。

「男人的藥？妳是指威而鋼？」

「對啦！就是那個啦！」王心蘭的臉不好意思的紅了起來。

「是幾歲的人要吃的？」

王心蘭猶豫著要不要說實話。說實話，怕被別人識破她老公陽痿；不說實話，又怕別人誤會她有外遇，買了威而鋼要去倒貼小白臉。

「嗯……是我鄉下舅公的兒子要吃的啦……」王心蘭決定說個接近實話的謊話，「他大概五十歲左右。」

「五十歲，那還很年輕啊！」藥劑師睜大了眼睛，「我建議他先去給醫生看看，怎麼會這麼年輕就需要吃威而鋼呢？你確定他真的已經不行了嗎？」

這會兒，王心蘭的臉更紅了。「我……這我怎麼會知道呢？我是聽他爸爸說，說他已經很久沒有碰女人了啦！」這可不是謊話，整整七年沒碰女人，這夠久了吧！

「呵……原來是皇帝不急急死太監！」藥劑師笑著說，「妳試試看，給他吃一斤活蝦，包準他還沒來得及下飯桌，就開始想女人了！」

喔？蝦子真的這麼有效嗎？

難怪那死鬼這麼久都不碰她，為了節省菜錢，別

說是蝦子了，她這七年來，連魚都難得買一次。

王心蘭決定下一次重本，她花了兩百塊買了一斤活繃亂跳的蝦子，今天晚上，她就要讓那死鬼整夜黏著她不放！

「哇，有蝦子耶！」兩個小孩見到桌上那一大盤蝦子，簡直興奮得說不出話來。一頓飯吃下來不但特別守規矩，還把整碗飯吃得一粒米也不剩。

王心蘭在一旁溫柔的替丈夫剝蝦殼，拼命把蝦子塞進丈夫的肚子裡。

「來，難得今天的蝦子這麼新鮮，趕緊多吃一點。」

就這樣，丈夫被乖乖餵了二、三十隻蝦子。

那天晚上，蝦子果然發揮了作用。丈夫睡到一半，突然轉身過來，對著王心蘭說：「老婆，我想要……」

好久好久，王心蘭沒有經歷過這麼幸福的夜晚了。

這全拜那些蝦子所賜。

愛戀30
　　——發春的30個理由

　　從那天起，王心蘭更熱衷於上菜市場買菜，不只是蝦子，她還打聽到生蠔、扇貝也有一樣的效果。

　　王心蘭費心縮減日常的開銷，把多出來的錢全都用來買菜，使得每餐飯桌上都一定擺放著一、兩道海鮮，也使得丈夫每晚在床上都表現得生猛有勁，兩人彷彿回到了新婚甜蜜的時刻。

　　一天，王心蘭又買了鮮蝦回家，才剛進門，電話鈴就突然狂鳴了起來。

　　「是王心蘭小姐嗎？」

　　「是，我是。」

　　「請您趕緊過來一趟好嗎？您先生突然在公司的廁所裡昏倒了，我們將他緊急送往醫院，但是…但是…好像已經來不及了……」

　　王心蘭放下話筒，忽然感到一陣昏天黑地。「砰」地一聲，手中的塑膠袋墜落地面，袋中的蝦子隨著水流洩了一地。

　　醫生診斷，王心蘭的丈夫死於膽固醇過高所引起的心肌梗塞。

愛戀30
——「食」的發春

　　王心蘭看著丈夫面無表情冰冷的臉，欲哭無淚。

　　她知道，她的丈夫其實是因她的慾望而死的。

　　王心蘭並不是個饑渴的女人。她不是非得每天做
愛不可，她只是想要證明：自己的魅力一點都不輸給
足球賽。

26 「住」的發春

　　爲了她，我搬到了這間房子。這是八里一帶最高的一間學生宿舍。她是和我同校小我一屆的學妹，我已經暗戀她一年多了。

　　從這裡，可以看見她窗口的燈光。我可以知道她什麼時候出門、什麼時候回家、什麼時候關燈睡覺，我想，這就是幸福了吧！

　　我不是變態，沒有在家裡裝設望遠鏡，要不然，連她用什麼姿勢睡覺、穿什麼衣服睡覺……我想我都能看得一清二楚的。

　　住在這裡最大的好處，就是可以掌握她每天出門的時間。她每天六點起床，六點十五分下樓去晨跑，一直到七點鐘，才回家洗澡、換衣服，準備上學。

　　我發現，她沒有吃早餐的習慣。

　　所謂近水樓臺先得月，我衷心希望這句蘇麟寫給

愛戀30
——「住」的發春

范仲淹的詩詞不是騙小孩的！

冬天的黑夜特別漫長。

天才剛亮，她就已經出門跑步了。我也趕緊換上運動服，打算和她來個街頭巧遇。

清晨的八里幾無人煙，兩個在馬路上晨跑的人，是很容易產生類似「英雄惜英雄」的情愫的。

「嘿！妳也晨跑啊？」我裝出一副吃驚的表情。

她被我嚇了一跳，看我的眼神像在審犯人，難不成是我的伎倆被識破了嗎？

她的視線緩緩的落到了我的腳上，「你不應該穿籃球鞋來慢跑的，太重了，你的腳踝會很容易受傷。」

天知道，這可是我有生以來第一次這麼早起，有生以來第一次在馬路上慢跑啊！

不過，早起的鳥兒是有蟲吃的。這會兒，我不就和她說上話了嗎？她甚至開始關心起我的腳了呢？

「妳經常來晨跑嗎？」我跟在她身邊跑，一邊明知故問。

「嗯，差不多每天。」

「我也很喜歡跑步,可是一個人跑太無聊了,我根本不能持之以恆。」

我的哀兵政策果然奏效!她一臉天真的回答我說:「那你以後可以跟我一起跑啊!」

這真……真……真是太好了!我簡直不敢相信我的好運氣,我喜歡的女生不但有著可愛的外表,她還有一副熱心助人的好心腸。這個世界上,還可能會有比她更值得追求的女性嗎?

從那天起,早晨的約會成了我每天最期待的開始。我從屋子裡看到她下樓,自己也趕緊跟著出門。每天早上,不管是六點十五分、六點十八分還是六點零九分,我總是可以在巷口和她不期而遇。

「真是太奇怪了!為什麼我們總是可以一起到達巷口,從來沒有誰先到誰等誰過?」看來,這個可愛又熱心助人的女生腦筋也不笨。

在那一天之前,我們已經一起跑步兩個多月了。我想,該是我表白的時候了。

「因為從我家,可以看到你家。」我的聲音很小。

愛戀30
——「住」的發春

「什麼？」

我不知道她是聽不清楚，還是不敢相信，只好再把我的話重複了一遍。「從我家的窗口，可以看到你家的窗口。」

「所以……你一直都在暗中窺伺著我囉！」我可以看得出來她的眼睛快要噴火。

「我發誓！我沒有。」我努力替自己辯護，「不信你來我家檢查，我根本沒有裝任何偷窺的設備。」

「是嗎？我不信。」她拉著我的手，像警察捉犯人一樣，拉著我來到了我家裡。

幸好我的房間還算整齊。

「看吧！真的沒有。」被人冤枉的感覺真的很不好，我故意用委屈的口氣，想讓她愧疚至死。

我拉著她來到面對她房子的那扇窗口，「妳看，從這裡，只能看到妳房子的燈光而已。燈亮了，我就知道妳回家了；燈熄了，我就知道妳出門了，燈光變暗了，我就知道妳上床睡覺了，只是這樣而已……」

「你每天……每天都在這裡看著我？」她的語氣可

否有一絲感動？

「是的。」我勇敢的點了點頭，像個男子漢大丈夫，坦然承認了自己的罪行。

她的笑容好甜好美，我想，我永遠都不會忘記她這一刻的表情。

「那麼……你要不要到我家來吃早餐？」

「妳不是向來都不吃早餐的嗎？」

「誰說我不吃的，我只是一個人吃早餐太無聊了，根本不能持之以恆。」

這句話好熟悉，好像曾經在哪裡聽過似的。

她拉著我……不，是我們手牽手，一步一步走到了她家門口。

打開屋子的大門，我驚訝的發現，她住的房子裡也同樣有一扇窗戶，正對著我家的方向。

不同的是，她的窗戶前面架了一台天文望遠鏡。

她說，那是她晚上看星星用的。你相信嗎？

我也跟你一樣不相信。

27　「行」的發春

　　他們兩個人都住在動物園旁邊，這些年以來，他們一直都是六點四十五分那班「282」號公車的第一批乘客。

　　他們有同樣的起點，也有同樣的目的地。

　　在總站上車最大的好處，就是你可以隨意挑選你喜歡的位置。不知道從什麼時候開始，從這個站上車的人，都有了自己固定的位置。大家有志一同，心照不宣，誰也不會去任意侵占別人的位置。

　　男孩的位置是在雙人座最後一排左邊靠走道的位置，女孩則總是坐在雙人座第二排的最右邊。感覺起來很遠，但實際距離卻很近，他們中間只隔了三個乘客，只隔了短短一公尺的距離。

　　這個位置的景觀很好，不但可以看到窗外的風景，更重要的是，從這個位置，只要將頭向右轉三十

度，就可以欣賞到女孩的側臉。這些年來，男孩總是默默的這麼做。喜歡她，卻又不敢接近她，難道……難道……這就是愛情嗎？

874016，是女孩制服上所繡的學號。她是個極度害羞內向的女孩子。可是，男孩又是怎麼知道的呢？

因為，他曾經做過一個小小的實驗。

那是好幾個禮拜前的一個清晨，女孩上車之後，依舊坐在她原來習慣的第二排右邊，但是男孩卻一反常態，他沒有坐在他平常坐的位置上，反而大膽的坐到了女孩的旁邊。

女孩沒說什麼，她當然不能說什麼，公車又不是她家開的！

只是，一路上，她一雙眼睛始終死命的盯著窗外，即使頸子僵硬了，頭也不肯轉過來。她的雙頰染上了兩抹紅暈，雙手不安的撫弄著裙子，她應該是很不習慣跟陌生男子毗鄰而坐的吧！

男孩後悔了，他不應該故意這麼捉弄她的。要不是他，她也許可以像往常一樣，輕鬆自在的看著她的

書、聽著她的音樂、閉上眼睛休息，不用心驚膽顫、全副武裝的去防範她身邊的這個討厭鬼！

隔天，男孩又坐回了他原本的座位。一公尺的距離，也許是他和她之間最美、最好、也最安全的距離吧！

他是有想過要向她表白的，不是沒有勇氣，只是時機未到。

他們兩人別無選擇，每天都得乘這班公車上學，若是表白被拒，以後見面豈不尷尬？他是個男人，失去一點自尊心還無所謂，只是按照女孩羞怯的性格來看，如果她知道這班公車上有一個暗戀她的大色狼，她可能寧願天天走路上學，也不願意再搭乘這班公車了。

若是那樣，他不是連看見她的機會都沒有了嗎？

或許，等到畢業的前一天，他才會鼓起勇氣的對她說出這些年來的心事吧！

男孩不像一般的毛頭小夥子，他做事總是深謀遠慮、有備無患。這樣的性格，也許可以讓他在其他的

事情上面占上風，但是在愛情世界裡，可就不是那麼有用了。

世事難料，計畫總是趕不上變化。

這天，男孩一如往常的坐上了六點四十五分的「282」，出乎他意料之外，他四處找不到女孩的蹤影。

她生病請假不去上學了嗎？還是她睡過了頭沒趕上這班公車？

男孩的心裡滿是疑問，只是這些疑問始終找不到答案，因為第二天、第三天……女孩依舊沒有出現在這班公車上。

疑惑加上關心，男孩終於忍不住找到了女孩的班級，想去詢問她的同班同學，究竟874016發生了什麼事。

「874016？你是指黃欣潔對吧！她爸爸調去新加坡工作，她也跟著去了，你是她的朋友吧？難道她沒跟你說嗎？」一個戴著眼鏡的女生如此回答。

新加坡？多麼遙遠的地方，他一直以為，他們之間相隔的只是一公尺的距離，隨時都可以拉近。沒想

到，一切都已經太晚了……

是該難過還是該高興呢？至少現在，他總算知道她的名字。

公車還是一樣的公車，男孩的世界卻已經是不同的世界。他坐在平常的位置上，和往常一樣，將頭部向右轉三十度，視線不偏不倚的落在他右前方的座位上，只是，那個位置，是空的。今天、明天、明天的明天……都將會是空的。

874016，874016……我該如何才能再見到妳呢？

男孩懊悔不已，要是他再勇敢一點、要是他再衝動一點，也許就可以早一點向874016表明自己的心意。不管成功或是失敗，至少都可以在874016的心裡留下一點點印象、一點點回憶，不像現在什麼都沒有、什麼都沒有、什麼都沒有了……。

男孩實在太想念女孩了，他坐到女孩平時坐的位置上，回想著女孩過去輕輕靠著椅背、偏頭凝視窗外、緊張不安、害羞臉紅……種種巨細靡遺的畫面。天知道，他是多麼的喜歡她啊！

男孩望向窗外，試著用女孩的角度，捕捉窗外的風景。

突然間，窗台底下一些模糊的藍色斑紋吸引了他的注意，男孩仔細一看，那是用原子筆所留下來的痕跡。

窗台上的墨水印子雖然經過了日曬雨淋，字跡卻仍可分辨。「8-7-3-5-2-9、8-7-3-5-2-9、8-7-3-5-2-9……」那一排排的墨水痕跡，寫的全是同一組數字。

那組數字對男孩而言再熟悉不過。873529，那是他的學號。

男孩終於知道，他和874016之間，並不是什麼都沒有留下的。

28 「育」的發春

他是擁有過一架鋼琴的,那是在他小學三年級的時候。

徐爲治聽著女兒在客廳裡用鋼琴按著簡單的音符,往事一幕幕湧上了心頭。

吳敏薰教他鋼琴的時候,他才十歲,還是個什麼都不懂的小孩子。

父母親都爲了生活而忙碌奔波,分給他的只有一點僅存的、忙裡偷閒的時間。在同學眼中,徐爲治是一個幸福的小孩子,永遠有穿不完的新衣服、有最新一款的球鞋,他的書包、文具、機器人……,全都是爸爸出差時從國外買回來給他的。然而,這樣一個表面什麼都不缺的小孩子,內心其實很缺乏溫暖。

八十幾坪大的房子,經常只有他和女佣兩個人。

他的快樂、他的悲傷、他的喜悅、他的挫折，這些沒有機會和爸爸媽媽說的，他只能向機器戰警和無敵鐵金鋼傾訴。

剛開始，媽媽提議要他學鋼琴，徐爲治心裡是老大不願意的。

「我爲什麼要學鋼琴？」他問媽媽。

「因爲學音樂的孩子才不會變壞啊。」他記得，媽媽是這麼回答的。

他在學校的成績一向名列前矛，操行成績也一直差強人意，這樣一個人人誇獎的模範生，怎麼可能會無緣無故變壞呢？這只不過是另外一個因爲沒時間陪他，才想出來打發他的伎倆罷了！大人眞是莫名其妙！

一直到認識了吳敏薰，徐爲治才徹底轉變了他的想法。

吳老師人長得甜美，說話的聲音很溫柔，她輕輕的握著徐爲治的小手，把他放到黑白鍵盤上，握著他的手，告訴他彈鋼琴雙手要保持像握雞蛋一樣的弧度

……，吳老師的手又柔軟、又溫暖，就連媽媽也從來不曾這麼親暱地牽過他的手。

就在那一刻，徐為治深深喜歡上了吳敏薰。

他覺得媽媽讓他學鋼琴，實在是個再好不過的主意！

鋼琴課安排在每個星期三下午，吳老師會先驗收上個禮拜的作業，然後再出新的曲目給他。每個新教的曲子，吳老師都會先示範演奏一遍，交代他需要注意的地方。望著吳老師的手優雅地在鍵盤上飛舞，徐為治覺得，彈鋼琴的女孩真的是最美麗的。他暗暗立志，等他長大了以後，一定要和吳老師結婚，這樣就可以天天都看到老師彈鋼琴的樣子了。

在吳老師的指導下，徐為治進步得很快。才不過兩年多的時間，他就已經學了大半本的「小奏鳴曲」，另外還彈了一點「巴哈」、一點「佈爾格彌勒」。吳老師成了徐為治心目中最重要的人，他在學校交了哪些朋友、遇到了哪些不如意的事……，都可以利用禮拜三下午上鋼琴課的時間說給吳老師聽，而老師也總是

認眞地聽他大吐苦水，從來沒有一聲責備，一點不耐煩的表情。

類似這樣的溫暖，都是徐爲治在父母親身上得不到的。

他一直以爲，吳老師會陪著他長大，陪著他直到他成爲一個眞正的演奏家，陪著他……一直到他娶她。沒想到這一天，媽媽卻跟他說，吳老師要到美國去和男朋友結婚，下個禮拜開始，將會由新的老師來替他上課。

徐爲治難過極了，爲什麼大人總喜歡自作主張，沒有問過他的意見就安排他學琴？沒有經過他的同意就替他換老師？沒有考慮過他的感受，就跑到美國嫁給別人？徐爲治的世界轉眼間支離破碎，他想要老師留在他身邊，想要媽媽陪在他身邊，然而，他什麼都不能做，他無能爲力，什麼都做不到。

因爲，他只是個小孩子。在大人眼中，是什麼都不懂的小孩子。

從那天起，徐爲治放棄了鋼琴。一個人在冷清的

房子裡，用手指用力的、洩憤的敲打著冰冷的琴鍵，
實在沒有什麼意思。

對吳敏薰的愛慕，只能留在童年的回憶裡。升上
國中之後，沉重的課業壓力逼得徐爲治幾乎要喘不過
氣，這讓他更有理由，或是更有藉口，自然而然的忘
掉鋼琴，忘掉了吳敏薰。

出了社會以後，徐爲治交過好幾個女朋友，但是
沒有一個是懂音樂的。他不是沒有機會遇到，只是在
潛意識裡，徐爲治總是刻意地排斥學音樂的女孩。

吳敏薰留給他的，是溫暖的童年，也是突然遭到
遺棄的痛苦。

徐爲治的太太並不會彈鋼琴，她原本是徐爲治公
司裡的業務助理。當初，他是怎麼下定決心要娶她的
呢？徐爲治回想兩人初識時的情景，他一進到那家公
司，就對坐在經理室門邊低頭打字的女孩印象深刻，
現在仔細想想，當時吸引他的，好像不是女孩的臉，
而是……是她的手。她纖長的十指靈活的在電腦鍵盤
上移動的樣子，像極了在彈鋼琴。

　　徐爲治畢竟是想念鋼琴的，聽著從自己手中緩緩流洩的音樂，忘情的舞動著自己的雙手，總可以給人一種超越時空、遺忘過去的感覺。

　　今年年初，徐爲治又買回了一架鋼琴，他對太太說，那是特地爲女兒學琴而買的。

　　女兒才剛滿三歲，徐爲治就替她安排了一個禮拜兩個小時的鋼琴課。看著女兒粗粗短短的小手指吃力的敲著琴鍵，徐爲治有一股說不出來的滿足感。

　　對於每天都必須一動也不動的坐在椅子上練琴，小女孩心裡其實是不快樂的。只是爸爸告訴過她，學鋼琴的孩子不會變壞。她近來經常吃完巧克力以後，把髒髒的手塗抹在牆壁上，昨天晚上，還不小心尿尿在床上，實在是太壞了。或許學鋼琴可以讓她變乖，以後不再貪吃或尿床吧！

　　小女孩看著身邊的鋼琴老師，老師的手好柔軟、好溫暖。她希望長大以後，她也可以變得和老師一樣又漂亮又會彈鋼琴。可能就是因爲這樣，爸爸看老師的眼神才會那麼的不同吧！

29 「樂」的發春

聽說，遊樂場要關門了。歷經了三十多個年頭，這座遊樂場還是因為營運不佳，將於十二月三十一日結束營業。

史雲珊站在遊樂場的摩天輪前，迎向她不可預知的未來。今天是今年的最後一天，對她來說，也是最重要的一天。只有過了今晚，她才能決定今後的方向。

遇見唐磊恩的那一天，史雲珊也是獨自一個人站在摩天輪前。

當時，她發現自己的皮夾不見了，一籌莫展之際，多虧了唐磊恩的熱心幫忙，才好不容易尋回了失物。唐磊恩把皮夾交還到史雲珊手上，卻趁機偷走了史雲珊的一顆芳心。

唐磊恩是遊樂場的工作人員，大史雲珊兩歲。她

的同學都羨慕她有這樣的男朋友，不但人長得高大挺拔，還有幾分神似基諾李維，在遊樂場工作，表示他童心未泯啊！史雲珊，妳最好了，以後去遊樂場都不用買票了！

的確，有個在遊樂場工作的男朋友，可以享有的福利也就比別人多了一點。

因為唐磊恩的關係，史雲珊不但拿到了米奇米妮紀念珍藏版手錶，還隨時都有免費的汽水、爆米花可以享用。

史雲珊二十歲生日的那一天，唐磊恩約她半夜十二點到遊樂園。

黑夜裡，史雲珊望著霓虹燈一盞一盞亮起，整座遊樂園彷彿從睡夢中緩緩甦醒，繽紛的摩天輪開始轉動，木馬也開始馬不停蹄的向前奔跑。而這一切的演出，全都只是為了慶祝她的生日。

那一刻，史雲珊感動得哭了出來。她覺得，她再也離不開這個男人了。

因為唐磊恩，遊樂場在史雲珊的心裡有了新的意

義。那不只是一座帶給人們歡笑的樂園，更是一座紀念他倆愛情的天堂。每天下課以後的第一件事，史雲珊便是跑到遊樂場去找唐磊恩。能夠在打烊之前，和唐磊恩坐一次摩天輪，或是玩一次雲霄飛車，就是史雲珊生活中最大的快樂。

　　一天夜裡，史雲珊為了赤紅的成績單，和父母一言不合，起了爭執。情急之下，她氣沖沖的奪門而出。出了門才知道後悔，可是現在回去又太沒面子了，說什麼也要在外面待久一點，等到他們著急了才能回去。

　　史雲珊撥了通電話給唐磊恩，但是電話那頭卻沒有人接聽。

　　百無聊賴的情況下，史雲珊不知不覺往遊樂場的方向走去。既然找不到唐磊恩，看一看遊樂場，心情也會愉快一點。

　　接近遊樂場時，史雲珊遠遠看到遊樂場內的燈一盞接著一盞的亮起，發生了什麼事？為什麼眼前的情景……如此的熟悉？

　　史雲珊走到遊樂場的入口，她看到唐磊恩摟著一個女孩子，兩人親暱的坐在同一匹旋轉木馬上。

　　他竟然把送給她的生日禮物，如法炮製的送給了另外一個女人！

　　史雲珊不知道自己是怎麼回到家的。學校的課業、和父母的衝突……，這些都已經不重要了。

　　她生氣，她不甘心，但是她更恨自己沒有勇氣上前去揭發他。

　　回到家以後，史雲珊收到了一通簡訊，是唐磊恩傳來的。

　　他說：「我有事和同事出去，要想念我，但是不用擔心我。早點睡！愛妳喲！」

　　那天晚上，史雲珊是哭著入睡的。

　　第二天，史雲珊一如往常，在下課以後跑到遊樂場去找唐磊恩。

　　她想要假裝什麼事都沒發生，可惜並不成功。因為一整個下午，史雲珊都顯得心事重重、悶悶不樂。

　　「怎麼了？有事嗎？」唐磊恩關心的問。

「我……我昨天看見你和別的女生在一起。」史雲珊決定實話實說。

「是嗎？妳會不會看錯了？」唐磊恩一邊回答一邊開啓遊戲機的按鈕，連眼皮都不眨一下。

「我看得很清楚。在遊樂場裡，就在旋轉木馬上。」

唐磊恩不說話了。

「爲什麼要這麼對我？你有了我，難道還不夠嗎？」

唐磊恩依舊保持沉默。

「說啊！爲什麼要這麼對我？」

「沒有爲什麼。大家在一起，不過是爲了快樂而已，有必要這麼生氣嗎？」

「我跟你在一起，不只是爲了快樂，我還要眞誠、專一、信任的感覺。少了這一些，愛情就不再是愛情了。你懂嗎？你眞的愛我嗎？」

唐磊恩久久不語。最後，他終於嘆了口氣說：「妳的要求太多了，我做不到。」

　　史雲珊知道，唐磊恩是不會爲了自己而改變。他沒有說愛她，也沒有說不愛她，那表示，他對她的愛是有限度的。

　　但她卻不知道自己對唐磊恩的愛到底有沒有限度。

　　爲了繼續愛他，她只能容忍，容忍他在她以外的地方，還有別的愛情，還有別的快樂。

　　這樣的生活持續了幾個月，史雲珊一直欺騙著自己。她告訴自己，唐磊恩只是貪玩，只是逢場作戲，到頭來，他還是會回到自己身邊。然而，事情卻沒有照著史雲珊的意願發展，唐磊恩似乎玩得不亦樂乎。他的紅粉知己越來越多，出軌的行徑也越來越明目張膽，史雲珊知道，是該抉擇的時候了。

　　「明天晚上，陪我坐最後一次的摩天輪好嗎？」十二月三十號那天，史雲珊向唐磊恩提出了這樣一個要求。

　　唐磊恩有些詫異，這種事平時是不需要事先問的。

「和我坐最後一次摩天輪，坐完以後，你就得答應我，要完完全全的屬於我，再也不能愛上其他女人。」史雲珊說完，便轉身走了。

如果他夠愛她，他是肯為了她而放棄其他快樂的。

史雲珊不是想要逼唐磊恩，她只是想要他在快樂和誠實之間做出一個選擇。

十二月三十一號當天，史雲珊在巨大的摩天輪前站了一整夜。

唐磊恩沒有出現。

他沒有忘了和史雲珊的約定，他只是站在遊樂場的另一個角落，看著摩天輪緩緩升起，開始它的最後一趟旅程。

從遊樂場的每一個角落，都可以看到不同的風景，這是他當初選擇到遊樂場工作的理由，也是史雲珊永遠不能理解的男人的花心。

不，也許她是可以理解的吧。如果她夠愛他的話。

30 「飲」的發春

「不！不！不是我！」

老陳從睡夢中醒來，嚇出了一身冷汗。

打從聽說新來的總機小姐Miss林懷了孕，老陳就沒有睡過一天好覺。

他看看身旁的老婆，睡著的時候表情天真無邪像個嬰兒似的，心裡就益發的覺得內疚。萬一Miss林肚子裡的孩子是他的種，他可要怎麼對老婆交代啊！

自從那個身材火辣的Miss林進到公司，公司裡上上下下所有男人沒有一個不對她想入非非的。天使面孔加上魔鬼身材，就算是唐三藏也不得不對她多瞟兩眼。

Miss林雖然知道自己是焦點人物，但卻從來不會恃寵而驕，不但工作上的事處理的妥妥貼貼，還會刻意的和男性職員保持距離免生是非。這樣一個內外兼

修、知情達理又識大體的美女，不得不讓老陳對她又增添了幾分好感。

要不是自己早已結婚，他拼了命也要想盡辦法把她娶回家。

唉！全都是酒精惹的禍，要不是自己貪杯，又怎麼會鑄成大錯，玷汙了自己心目中的女神呢？

老陳回想那天晚上的情形。公司尾牙請在日本料理店，董事長、經理、襄理……該敬酒的人族繁不及備載，老陳一杯接一杯的喝，啤酒、洋酒、清酒一起灌，究竟喝了多少，他自己也搞不清楚。

他是他們那一組唯一的男性，酒會結束以後，理當送女同事回家。他們一行四個人坐一台計程車，Miss林家住得最遠，所以送到最後，車裡除了司機以外，就只剩下他們兩個。

迷迷糊糊中，他也不知道自己怎麼跟Miss林上了樓。

他只記得車門一開，他就整個人撲倒在大美女身上。Miss林胸前那兩塊堅挺又柔軟的「肉」，他至今還

印象深刻呢……

隔天早上醒來，他就發現自己已經睡在Miss林的床上，身上只穿了一條內褲。

Miss林在案頭上留了一張字條，寫著：「你叫不起來，所以我幫你請了半天假。衣服送去乾洗，中午前洗衣店會送回。我先去上班囉！」

他急急忙忙的把紙條收好，深怕留下什麼通姦的證據。

下午再見到Miss林，她沒有多說些什麼，只是看他的眼神變得不一樣了，似乎多了一點關心、多了一份親切、多了一絲……興趣？

再也不喝酒了，喝酒誤事，他再也不敢喝酒了。

Miss林懷孕的消息在公司裡傳得沸沸揚揚，算一算日子，距離公司尾牙差不多有兩個月的時間。兩個月？不就正好懷孕開始有徵兆的時期。如果傳言是真的話，那Miss林肚子裡的應該就是他的孩子沒錯了！這下該怎麼辦呢？他能瞞著老婆照顧情婦，順利把孩子撫養成人嗎？還是應該實話實說、負荊請罪，和老

婆一起共渡難關？又或許他可以從Miss林那邊下手，
說服她不要生小孩……

對！就這麼辦！給她一筆錢，然後逼她去墮胎，
從此天下太平、萬事皆休，這眞是沒有辦法中最好的
辦法。

那個傻女人也眞是的！還沒有跟他商量，居然就
讓懷孕的消息曝光！這不是存心要給他難堪嗎？

該是他奪回一點男性尊嚴的時候了。

老陳按下桌邊電話的按鍵，想要召喚Miss林到他
的辦公室裡來。

沒想到電話還沒接通，敲門聲就響了起來。

「組長，是我。」那個女人居然自動找上門來了。
Miss林的聲音聽起來客客氣氣的，一點都不像要來興
師問罪的樣子。

「喔！有事嗎？」他刻意壓低聲音，表現出權威的
樣子。

「是這樣的，我和我男朋友下個月要結婚了。我特
地送喜帖過來給你。」

男朋友？怎麼從來沒聽人提過Miss林有男朋友？

不行！他得問個清楚才行！

「那天晚上……」

「喔！你是要問我送洗衣服的事對嗎？」Miss林的笑容看起來真摯迷人，「你喝太多了，吐得滿身都是，我只好請我男朋友幫忙將你扶進房間，把衣服脫下來送洗。怎麼了？衣服有什麼問題嗎？」

「沒……沒有。」老陳大大的鬆了一口氣。這是這些日子以來，他第一次感覺到胸腔裡有氧氣在流動。

幸好，一切都只是自己在庸人自擾。

幸好，他不用去跟老婆交代些什麼。

只是，望著Miss林走出房間時搖曳生姿的背影，老陳隨即感到一陣失落。

不是我，不是我……原來最佳男主角，真的不是我！